D1858278

OF

108

EMPRESA NACIONAL DE FERROCARRILES
6

Harald Navé

ALASKA-FEUERLAND

REISE- UND BAHNERLEBNISSE

Orell Füssli

Umschlagbild

«La Jaula» – der Käfig, so lautete der Spitzname für den sonntäglichen Marktfahrerzug auf der Bergstrecke der Guayaquil & Quito-Bahn von Bucay nach Alausí in Ecuador. Die drei mit Fahrgästen bis zum Bersten vollgestopften Güterwagen sind die höchste Belastung, welche die Dampflokomotive über die bis zu 5½% steile Strecke befördern kann. Als Fremder hatte ich damals im Juni 1976 das Privileg, im Führerstand mitfahren zu dürfen. Der Tender ist praktisch der Befehlsgewalt des Lokomotivführers bereits entzogen und dementsprechend von Passagieren besetzt. Der Zug befindet sich auf dem Bild bei der unteren Spitzkehre an der Teufelsnase, soeben bereit, um geschoben die Gegenkehre zu erreichen.

Umschlagrückseite

Zug No. 2 «Canadian» der VIA, noch immer ein klassischer nordamerikanischer Fernschnellzug, hat auf seinem langen Weg von Vancouver nach Montréal die erste Nachtfahrt hinter sich. Den Columbia River überquerend, läuft er am späten Vormittag eines Septembertages des Jahres 1982 in Revelstoke ein. Eine einzige Dampflokomotive, eine Royal Hudson oder eine Selkirk, genügte seinerzeit statt der vier Dieseleinheiten zu seiner Beförderung.

An den dicht bewaldeten Abhängen der Monashee Mountains im Hintergrund kann man – auch mit geübtem Auge – kaum die schönen Abfahrten entdecken, welche sie dem Skifahrer im Hochwinter bieten.

Doppelseite 2/3

Weit, einsam, kahl und windgepeitscht ist die Landschaft Patagoniens zwischen den Anden und dem Atlantik. Es war bereits gegen 8 Uhr abends an einem Jännertag des Jahres 1978, als sich die Schmalspurlokomotive 108 «André Chapelon» von Rio Turbio aus an der Spitze eines 1500 t schweren Kohlenzuges nach dem 270 km und 10 Fahrstunden entfernten Rio Gallegos in Bewegung setzte. Aus dem mit schweren Regenwolken verhangenen Himmel fiel im richtigen Augenblick ein Sonnenstrahl und ermöglichte mir die Aufnahme, zu deren Gelingen die Lokomotivmannschaft auch noch den bestellten Rauch beisteuerte.

Seite 4

Auf dem meterspurigen Netz der Bolivischen Staatsbahn befinden sich mehrere spektakuläre Bergstrecken. Eine von ihnen kann man auf der Reise von der Bergwerkstadt Oruro nach Cochabamba kennenlernen. Mit einer Unzahl von Kehrschleifen und Streckenentwicklungen, welche an die Gotthardbahn bei Wassen erinnern, wird eine das Hochplateau begrenzende Andenkette überwunden.

Nachdem ich im April 1976 seit dem frühen Morgen mit dem von einer Dampflokomotive gezogenen Wasserzug in Richtung Cochabamba unterwegs gewesen war, bestieg ich, als der Tag zur Neige ging, einen in die Gegenrichtung fahrenden Güterzug. Für die Bergstrecke machte ich es mir auf dem Dach eines Güterwagens, so gut es ging, bequem. Von diesem äußerst wackligen, aber ausgezeichneten Ausguckposten sind die beiden japanischen Diesellokomotiven fotografiert worden. Die Bretterstege auf den Wellblechdächern dienten zur Zeit des handgebremsten Betriebes den Bremsern; mit affenartiger Geschicklichkeit eilten sie von Bremsrad zu Bremsrad, zogen fest oder lösten je nach Bedarf.

Lektorat: Ernst Halter
Herstellung: Peter Schnyder/Walter Voser

© Orell Füssli Verlag Zürich und Wiesbaden 1986
Karten zur Eisenbahn: Ernst Halter
Grafik: Heinz von Arx, Zürich
Lithos: Repro Singer AG, Zürich
Satz und Druck: Orell Füssli Graphische Betriebe AG Zürich
Einband: Buchbinderei Busenhart SA, Lausanne
Printed in Switzerland
ISBN 3 280 01456 5

Inhaltsverzeichnis

Einleitung

Wie ein Rückgrat durchzieht ein oft in mehrere Ketten aufgefächertes, geologisch junges Hochgebirge die Westseite des amerikanischen Doppelkontinents und beherrscht, nur in Panama und Nicaragua unterbrochen, auch die meisten Teile Zentralamerikas. Eisenbahnen in dieser Gebirgslandschaft, deren nördlichste beinahe den Polarkreis erreicht und deren südlichste etwa entlang des 52. Breitengrades in der Nähe Feuerlands verläuft, bilden den hauptsächlichen Inhalt dieses Buches. Der Rückweg nach Norden führt uns zu einigen Bahnen in den großen Stromtiefländern und im Bereich der alten Rumpfgebirge des Ostens.

Eine vom nördlichen Polarkreis bis fast zum Kap Hoorn durchlaufende Verkehrsader, welche nur im Grenzgebiet zwischen Panama und Kolumbien eine kleine Lücke aufweist, ist in Form des Alaska Highway, der großen Fernstraßen im Westen Nordamerikas und der Panamericana seit langem realisiert. Die um die Jahrhundertwende erwogene Interkontinentalbahn von fast 16 500 km Länge blieb dagegen ein Wunschtraum. Nur von Vancouver oder den großen Städten im Osten bis an die Grenze Guatemalas sind durchlaufende, normalspurige Bahnen in Betrieb, auf welchen auch noch ein beschränkter Reisezugbetrieb aufrechterhalten wird.

Lange vor jeder gleichwertigen Straßenverbindung wurden dagegen die ersten Transkontinentalbahnen eröffnet. 1855 durch den Isthmus von Panama, 1869 die im folgenden Kapitel erwähnte Strecke durch die USA und 1910 von Buenos Aires nach Valparaíso in Chile.

Auf der etwa 40 Millionen Quadratkilometer großen Landmasse Amerikas finden wir alle Klimazonen der Erde und eine große Vielfalt von topographischen Formen, Menschenrassen, Sprachen und Kulturen. Das heute noch in Betrieb stehende Eisenbahnnetz in fast allen je gebauten Spurweiten umfaßt etwa 600 000 km Streckenlänge. Rund drei Viertel desselben liegen in den USA und Kanada.

Was man auf diesen Bahnen während der vergangenen 15 Jahre erleben und sehen konnte, sei es im regelmäßigen, außerordentlichen, Museums- oder Touristenbetrieb, läßt sich hier nur in Stichworten umschreiben: beeindruckende Kunstbauten, Steilrampen, Zahnrad- und Seilzugbetrieb, Spitzkehren und Kehrschleifen, Strecken auf der Höhe des Mont-Blanc-Gipfels oder in Sichtweite eisgepanzerter Sechstausender, schwindelerregende Abgründe und tiefe Schluchten, alle Traktionsarten, zum Teil ausgefallene oder superstarke Dampflokomotiven, Zeugen aus der Anfangszeit der Eisenbahn und Beispiele von deren Renaissance, Produkte der größten und bekanntesten Lokomotivfabriken der Welt, Transkontinentalzüge, kilometerlange Güterzüge im 10 000-t-Bereich.

Selbst Erlebtes und Fotografiertes aus dieser Wunderwelt der Eisenbahn und auch die eine oder andere Sehenswürdigkeit, welche die Bahnen erschließen, möchte der Autor dem Leser und Betrachter des Nachfolgenden bieten.

Links: Nur etwa 60 Kilometer Luftlinie trennen Chosica am Fuße der Anden von dem 4000 m höher liegenden Scheitelpunkt der Peruanischen Zentralbahn. Im November 1975 war es noch einmal gelungen, die 206, die letzte überlebende der einst über 30 «Andes»-Lokomotiven von Beyer Peacock in Manchester, vor einem stilechten Personenzug auf die Strecke zu bringen. Es scheint, als wollte der Führer bei der Ausfahrt aus «Viso arriba», der ersten in einer Folge von fünf Doppelspitzkehren, die aus dem Kamin schießende Dampfsäule über die Gipfel der umliegenden Bergketten jagen.

Oben: Die «Bahn am Dach der Welt» wurde die von Oroya an der Zentralbahn nach dem Bergbauzentrum Cerro de Pasco führende Strecke gelegentlich genannt. Nirgends unterschreitet sie 3700 m ü.M. An die Zeit des Dampfbetriebes erinnert uns dieser im Jahre 1976 zu Fotozwecken geführte kleine Erzzug. Im Hintergrund sieht man einen Teil der Andenkette, welche das Hochplateau um durchschnittlich nur 1000 Meter überragt.

BALDWIN LOCOMOTIVE WORKS
BURNHAM,
PARRY,
WILLIAMS & Co.
1876.
PHILADELPHIA.

Zeugen der Pionierzeit in Museen

Aus der Vielzahl nordamerikanischer Eisenbahnmuseen, welche gegenwärtig eine Blütezeit erleben, sind drei, hier auch im Bild vertretene, besonders hervorzuheben.

Da ist das B.&O. Railroad Museum der Baltimore & Ohio Railroad in Baltimore, welches seit der Übernahme von Bahn und Museum durch die Fusionsgesellschaft Chessie System noch wesentlich bereichert wurde. Es ist an der Wiege der nordamerikanischen Eisenbahnen im ersten Bahnhofsgebäude der USA und im benachbarten Rundheizhaus von Mt. Clare eingerichtet. Die 1827 gegründete B. & O. betrieb die ersten Kilometer ihrer Bergstrecke über eine die Stadt vom Hinterland trennende Hügelkette im Jahre 1829 vorerst noch mit Pferden, kurz darauf aber schon mit Dampfkraft. Carl Ritter von Ghega, der Erbauer der Semmeringbahn in Österreich, besuchte 1842 die B. & O., um deren Bergbetrieb zu studieren. Er machte dabei auf einer 2A-Lokomotive die 130 km lange Fahrt von Baltimore nach Harper's Ferry am Potomacfluß mit. Mit knapp 40 t Anhängelast hinter der 13,4 t schweren, holzgefeuerten Maschine dauerte die Reise über den 230 m hohen Parr's Ridge fast 5½ Stunden. Die kegelförmigen, oben manchmal den Kesseldurchmesser übertreffenden Funkenfänger, welche fast alle alten amerikanischen Lokomotiven besitzen, sollten so gut wie möglich den starken bei Holzfeuerung und scharfer Fahrweise auftretenden Funkenwurf eindämmen. Ghega vermerkte dies besonders in seinem Reisebericht.

Die jetzt mustergültig renovierten Gebäude von Mt. Clare dienten dem Bahnbetrieb von 1830 bis 1870. Von den sehr alten, aber hier nicht im Bild gezeigten Lokomotiven sind die 2A-Type «Lafayette» und ein betriebsfähiger «Grashüpfer» mit Wagenzug besonders zu erwähnen. Letztere Maschinchen mit vertikalem Kessel wurden als Spezialität der B. & O. in Mt. Clare gebaut.

Als ich das Museum im Jahre 1980 besuchte, wurde es von einer sehr netten, älteren Dame geführt. Ihrem Entgegenkommen verdanke ich die vom Dach eines Dienstwagens gemachte, auf Seite 13 gezeigte Aufnahme.

Vor allem dem Entstehen der ersten Transkontinentalbahn ist das California State Railroad Museum gewidmet. Neben einem modernen, ausgezeichnet gestalteten Gebäude befinden sich der rekonstruierte Bahnhof der Central Pacific Railroad aus dem Jahre 1876 und ein wiederaufgebautes Stadtviertel von Alt Sacramento. Neuestens finden vom Museum aus Fahrten mit Dampflokomotiven entlang des Sacramentoflusses statt. Eine der ältesten betriebsfähigen Lokomotiven der USA steht im neuen Museumsgebäude innerhalb einer alten Brückenkonstruktion. Es ist eine klassische American von Baldwin aus dem Jahre 1873, die No. 12 der Virginia & Truckee R.R., welche bis 1939 die Strecke Reno–Carson City–Virginia City in Nevada betrieb. In Carson City befindet sich ein schönes Museum dieser Bahn. Die No. 12 spielte bei der 100-Jahr-Feier der Vollendung der ersten Transkontinentalbahn während der «Golden Spike Ceremony» die «Jupiter».

Links: Das 1832 mit der Fertigstellung der ersten Lokomotive durch den Maschinenschlosser Matthias Baldwin begonnene Unternehmen entwickelte sich rasch. 1836 und 1837 kamen je 40 Maschinen zur Ablieferung, 1841 begann der Export. Über 73000 bis 1948 gebaute Lokomotiven trugen Baldwins Fabrikschild. Das Unternehmen mit Sitz in Philadelphia war somit der weltweit größte Hersteller von Dampflokomotiven.
Auf dem Detailbild der No. 12 «Sonoma» des California State Railroad Museum, einer 2′B-Schmalspurlokomotive der ehemaligen North Pacific Coast R.R., präsentiert sich das Fabrikschild in seiner klassischen runden Form. Drei Gesellschafter des 1866 verstorbenen Baldwin sind noch mit Namen genannt.
Auch die beiden anderen großen Hersteller von Dampflokomotiven in den USA, American Locomotive Company (ALCO) mit Sitz in Schenectady/New York und Lima Locomotive Works in Lima/Ohio sind nicht mehr im Geschäft. Bis 1948 baute ALCO inklusive der Vorgängerfirmen knapp 76000 und Lima rund 7600 Lokomotiven. Einzig die kanadischen Montreal Loco Works, eine Zeitlang Teil der ALCO, sind noch heute auf dem Diesellokomotivsektor tätig. Das große Erbe trat General Motors mit seiner Electro-Motive Division (EMD) an.

Oben: Am 10. Mai 1869 wurde bei Promontory Point in Utah, an der Nordwestecke des Großen Salzsees der erste transkontinentale Schienenstrang Nordamerikas geschlossen. Der letzte Schienennagel, «The Golden Spike», wurde von den Präsidenten der beiden Bahngesellschaften eingeschlagen. Die vom Ufer des Missouri westwärts bauende Union Pacific hatte 1750 km und die von Sacramento in Kalifornien nach Osten vordringende Central Pacific (ab 1884 ein Teil der Southern Pacific) 1100 km der Strecke errichtet.
Mit nachgebauten, betriebsfähigen Lokomotiven wird an dieser schon lange nicht mehr befahrenen Stelle im Sommer die Zeremonie täglich vorgeführt. Das in Disney World bei Orlando aufgenommene Wandbild zeigt von links kommend die No. 60 «Jupiter» der C.P. und am rechten Bildrand die No. 119 der U.P.

Die Gedenkstätte einer der seinerzeit größten und bestverwalteten Eisenbahnen der USA, die 1846 konzessionierte Pennsylvania Railroad, befindet sich in Strasburg/Pennsylvania. Das Museum steht zwar an keinem geschichtsträchtigen Ort, kann dafür aber mit einer beeindruckenden Kollektion und der benachbarten 14 km langen Museumsbahn aufwarten. An die Zeit, zu der noch Lokomotiven aus England importiert wurden, erinnert hier die 1940 in der Bahnwerkstätte Altoona nachgebaute «John Bull». Das noch immer betriebsbereite Original steht in der Smithsonian Institution in Washington, D.C. Der 1831 von George Stephenson & Son in Newcastle-on-Tyne gebaute und in Amerika mit einer zusätzlichen Laufachse zur kuriosen Achsfolge 1-1A umgebaute Veteran besorgte den ersten kommerziellen Dampfzugbetrieb in New Jersey.

In Kanada setzte das Eisenbahnfieber später als in den USA ein. Wohl vor allem deshalb besitzen die Museen dieses Landes keine uralten Lokomotiven. Nach dem Bau der ersten Strecke von 26 km Länge entstand eine Pause mit geringer Aktivität bis etwa 1860. Die erste Transkontinentalverbindung, von welcher später noch die Rede sein wird, wurde erst 1885 fertiggestellt.

In Zentral- und Südamerika gibt es kein einziges Museum, welches sich mit den vorgenannten nur einigermaßen messen könnte, wohl aber ehrwürdige Lokomotivdenkmäler. Über die 1855 eröffnete Isthmusbahn in Panama wird im Kapitel über Zentralamerika berichtet. Die Ehre, die erste Bahn Südamerikas betrieben zu haben, machen sich Chile und Peru streitig. Von der am 17. Mai 1851 eröffneten Strecke vom Hafen Callao nach Lima sind keine Fahrzeuge erhalten geblieben. Dagegen steht in Copiapó am Südrand der Atacamawüste in etwas ramponiertem Zustand die von Morris Brothers in Philadelphia 1850 gebaute 2'B-Maschine «Copiapó», welche am 29. Juli 1851 den ersten Zug von Caldera an der Pazifikküste 80 km landeinwärts geführt hat.

Auch bei der im Jahre 1857 als dritter des Kontinents eröffneten Bahn von Tacna nach der damals peruanischen Hafenstadt Arica ist noch eine sehr alte, offensichtlich in England gebaute 2'B-Lokomotive erhalten. Mit ihr wurden gemäß einem im Büro des Verwalters hängenden Bild 1880 Truppentransporte im Pazifikkrieg durchgeführt. Das Ergebnis dieses Krieges, die Inbesitznahme der Atacamawüste bis zur Stadt Tacna durch Chile, brachte für diese Bahn einen Wechsel des Besitzers. Nach der Rückgabe von Tacna an Peru wurde sie zu einer nur 63 km langen internationalen Verbindung.

Unten: Im Besitz des Railroad Museum of Pennsylvania befindet sich die 1939 hinterstellte Atlantic No. 7002 der Pennsylvania R.R. 1902 in der Bahnwerkstätte Juniata gebaut, gehörte sie zu den besten Lokomotiven der Jahrhundertwende. Maschinen dieses Typs beförderten damals die Prestigezüge der P.R.R. Eine ähnliche Lokomotive legte 1905 vor einem Sonderzug eine Strecke von 211 km in 54½ Minuten zurück. Bei der Strasburg R.R. konnte die No. 7002 in den letzten Jahren in Betrieb besichtigt werden.

Rechts oben: Dieser Blick auf einen Teil des geschlossenen 360-Grad-Rundheizhauses von Mt. Clare zeigt vier der sehr alten Lokomotiven der B. & O. im Museum dieser Bahn: Auf der Drehscheibe «Tom Thumb», der Däumling, ein kaum eine Tonne wiegendes und etwas über 1 PS starkes Gefährt, welches 1829 den Direktoren der B. & O. von Peter Cooper vorgeführt wurde. Ein nachgebautes Exemplar steht für Publikumsfahrten im Freigelände zur Verfügung. Dahinter von links nach rechts: Die No. 57, ein 1848 von der Newcastle Manufacturing Co. für Baldwin gebauter Vierkuppler. Dieser Typ ging als Civil War Engine in die Eisenbahngeschichte ein. Daneben die No. 25 «William Mason», ein herrliches Beispiel einer American aus dem Jahre 1856, gebaut in Taunton/Massachusetts von William Mason, dessen Fabrik bis 1889 existierte. Die No. 117 «Thatcher Perkins» schließlich, eine der weiterentwickelten 2'C-Maschinen, erstmals 1847 in dieser Achsfolge gebaut, diente in den Allegheny-Bergen und wurde 1863 in den Werkstätten von Mt. Clare hergestellt.

Rechts unten: Am Ende der Filmvorführung im California State Railroad Museum hebt sich die Projektionsfläche und gibt den Blick frei auf die erste Lokomotive der Central Pacific, nach ihrem Präsidenten «Gov. Stanford» genannt. 1862 bei Richard Norris & Son in Philadelphia als No. 1040 gebaut, mußte sie noch per Schiff um das Kap Hoorn nach Kalifornien gebracht werden. Nach der Ausmusterung im Jahre 1895 wurde sie der Witwe Stanfords zum Geschenk gemacht, wodurch sie der Nachwelt erhalten blieb.

·TOM THUMB·

White Pass
73

Von Bahnen und Bergen unter dem Polarkreis in Alaska und Yukon

Ein Beitrag in der Neuen Zürcher Zeitung lenkte vor vielen Jahren meine Aufmerksamkeit wieder auf eine am Rande der Welt liegende Eisenbahn: die White Pass & Yukon Route (W.P.&Y.). Schon in den sechziger Jahren hatte ich ein aufregendes Bild vom Schneeräumdienst am White Pass gesehen: zwei Dampflokomotiven und eine Rotary-Dampfschneeschleuder auf Räumfahrt. So interessant dieses Ziel war, so sehr lag es damals für mich außer Reichweite. Die Bilder zu dem Zeitungsartikel zeigten Diesellokomotiven.

Am Ende seines Fahrtberichtes erwähnte der Autor den Bau einer neuen Straße nach Skagway, welche wahrscheinlich das Ende für den Bahnbetrieb bringen werde, den letzten auf Schmalspurgleisen in Nordamerika. Als 1980 eine größere USA-Reise auf meinem Programm stand, erinnerte ich mich der entlegenen Bahn. Ob sie noch in Betrieb war? Es war nichts Gegenteiliges bekannt.

Am 17. August bestieg ich erwartungsvoll in Vancouver ein Flugzeug nach Whitehorse, dem nördlichen Endpunkt der Strecke am Yukonfluß. Bis knapp vor der Landung flogen wir in oder über den Wolken. Wird das Wetter, wird ein anderer Zufall einen Strich durch die Rechnung machen? Am Flugplatz standen mehr Privatflugzeuge als Autos in seiner Umgebung. Fliegen ist hier populär, ein Auto zu mieten teuer. Ich beschaffte mir eines, eine Klapperkiste, und fuhr in die Stadt. Die Atmosphäre der Goldgräberzeit schien noch nicht ganz von ihr gewichen zu sein. Das hölzerne Bahnhofsgebäude und das Depot waren zugesperrt. Keine Menschenseele war zu sehen. Irgendwo entdeckte ich, daß der Zug nach Skagway um 10.45 Uhr abgefahren war. Im Bahnhofsgelände war die Dampflokomotive No. 73 abgestellt. Sie sah nicht allzu heruntergekommen aus. Die Idee, sie wieder in Gang zu setzen, erschien mir zu kühn, um Nachforschungen in diesem Sinne anzustellen. Ich entschloß mich, dem Zug nach Skagway nachzufahren. Bei der Stadtausfahrt,

Oben: Auf dem Flug von Europa nach Anchorage wird nach rund vier Stunden die Ostküste Grönlands im Bereich des 72. Breitengrades erreicht. Was zu erkunden Forschungsreisenden früher größte Strapazen bereitete, kann jetzt aus dem Flugzeug bequem beobachtet werden: eine Landschaft, wie sie in den Alpen während der letzten Eiszeit zu finden gewesen sein muß. Gewaltige Gletscherströme füllen die Täler, und nur gerade die höchsten Gipfel und Bergrücken schauen heraus. Lediglich steile Felswände sind eisfrei.

Links: Es brauchte Ausdauer und Glück, um bei einer der wenigen Fahrten mit der Mikado No. 73 der White Pass & Yukon Route im Jahre 1982 dabeizusein. Glück war es auch, daß ich in der von Schlechtwetter und Stürmen geplagten Gegend in der Nähe des fast 900 m hohen White Pass im richtigen Augenblick genügend Licht hatte. Das nebenstehende Bild zeigt den Zug am 30. August in der von Tundra und spärlichem Baumbestand bedeckten, von der Eiszeit deutlich geprägten Landschaft auf der Nordseite des Passes, an der Grenze zwischen British Columbia und Alaska.

neben dem Yukon, steht die «S.S.Klondike», ein «Sternwheeler», das letzte der Schiffe mit Schaufelradantrieb am Heck, welches noch bis 1952 als Lastschiff nach Dawson City fuhr und dann 3 weitere Jahre als Touristenschiff diente. Die Dampfer versahen den Anschluß von und zur Bahn. Bis zu 50 Passagiere fanden auf ihnen Platz. Die Talfahrt nach Dawson City dauerte 1½, die Bergfahrt von dort nach Whitehorse 4 bis 5 Tage. Der während des Zweiten Weltkrieges fertiggestellte Alaska Highway hat der Flußschiffahrt den Garaus gemacht.

Bis Carcross – der Name ist von Caribou Crossing hergeleitet und könnte mit Rentierfurt übersetzt werden – sind es 70 km durch bewaldetes, hügeliges Land. In diesem Nest aus der Zeit des Goldrausches, welcher den Anstoß zum Bahnbau gab, ist alles aus Holz: die paar Häuser, der Bahnhof, der Perron und die Eisenbahnbrücke mit Obergurttragwerk. Bahn und Straße trennen sich hier am Nordende des Bennett Sees und kommen erst wieder 8 km vor der Grenze zusammen. Hier wartete ich auf den Zug. Von fern ertönten die Signalhörner der Diesellokomotiven. Der Zug sah ganz anders aus, als ich ihn mir vorgestellt hatte. Voran vier Maschinen der 101er-Serie, dann eine nicht enden wollende Reihe von Erzcontainerwagen und am Schluß zwölf gut besetzte Personenwagen. Bahn und Straße überqueren verschiedene Pässe, verlaufen dann aber in dem nach Skagway hinunterführenden Tal auf gegenüberliegenden Talflanken. Eine ideale Sache für Fotografen.

Skagway ist ein Tiefwasserhafen am Ende des fjordartigen Lynn Canal. Hier begannen vor der Jahrhundertwende die Goldsucher ihren mühsamen Marsch zu den Klondike-Goldfeldern. Die Bahn folgt weitgehend dem «Trail of '98» genannten Pfad, um welchen jetzt ein etwas kitschig wirkender Touristenrummel gemacht wird, ebenso wie um den Ort selbst, welcher während des Goldrausches 20 000 Seelen zählte. Leider fährt die Bahn nicht mehr durch die noch immer von alten Holzhäusern gesäumte

1530

Hauptstraße. Etwas versteckt ist eine der McArthur-Mikados als Denkmal aufgestellt. Sie erinnert an die Blütezeit der Bahn während des Baues des Alaska Highway. Die Armee hatte damals um 1940 den Betrieb übernommen und einige dieser Kriegslokomotiven neben anderen requirierten Maschinen mitgebracht. Bis zu 34 Züge fuhren an einem Tag über den Paß. Eine der älteren Lokomotiven, wie die vor dem Bahnhof stehende 1'C No. 52, konnte sechs vollbeladene Wagen auf der durchschnittlich 26‰, aber maximal 40‰ steilen Strecke ziehen. Auf alten Fotos sieht man, daß am Berg mehrere dieser kurzen Züge zu einem langen zusammengehängt wurden.

Ein Besuch in der mit Zugfunk modern ausgerüsteten Fahrdienstleitung brachte mich wieder in die Gegenwart zurück. Anderntags waren zwei Exkursionszüge auf dem Programm. Rechnete man die fahrplanmäßigen Züge dazu, hätte sich die Möglichkeit ergeben, sechs Aufnahmen im sehr schönen, schwer zugänglichen Teil der Bergstrecke zu machen. Regen und Nebel vereitelten anderntags dieses Vorhaben.

Eine Überraschung kam mit dem *Steam Passenger Service Directory* 1982 ins Haus. Die W.P.&Y. war erstmals darin aufgenommen und noch dazu mit der Ankündigung von Fahrten mit der No. 73. Im Juni 1964 hatte diese 1947 von Baldwin gelieferte Lokomotive den letzten Dampfzug befördert. Die Einführung des Dieselbetriebes hatte hier begonnen, als Baldwin 1953 einen Auftrag zum Nachbau von sechs weiteren Maschinen der 70er-Serie nur unter der Bedingung annehmen wollte, daß zehn Lokomotiven bestellt würden. Jetzt sollte nach einer

◁ Die Alaska R.R. wurde nach 8 Jahren Bauzeit 1923 eröffnet und als einzige Bahn der USA vom Staat betrieben. Sie sollte den eisfreien Hafen Seward mit den schiffbaren Strömen im Landesinneren verbinden, daher ihr Endpunkt Fairbanks. Zwischen Anchorage und Fairbanks verkehren fahrplanmäßig Personen- und Schnellzüge, welche die 573 km lange Strecke in rund 10 Stunden zurücklegen.
Der im Sommer täglich geführte Zug No. 2 «Denali Express» nähert sich, von der Küste kommend, der Station Denali Park. Diese befindet sich bereits nördlich des Broad Pass, eines nur gut 700 m hohen Überganges im Alaskagebirge.
Zwei 1500-PS-Diesellokomotiven von General Motors – die zweite ist eine führerstandslose B-Einheit – ziehen den Zug. Im Juni 1981 waren diese früher weit verbreiteten Maschinen in den USA nur noch in Alaska im Plandienst zu finden.

Oben: Die Personenwagen der White Pass & Yukon Route sind mit frei verschiebbaren Armstühlen und fast durchgehender Seitenverglasung für eine Bahnfahrt ideal eingerichtet. In den vielen engen Kurven kommt für die Fahrgäste in den hinteren Wagen oft die Zugspitze in das Blickfeld. Das oben gezeigte Bild wurde im August 1982 auf der Fahrt von Carcross nach Whitehorse aufgenommen.

Talkeetna ist eine kleine Ortschaft an der Alaska R.R. und Ausgangspunkt für die Besteigung des Mount McKinley und der Gipfel in seiner Umgebung. Der Ort ist typisch für den in Alaska herrschenden Pioniergeist. Material für die meist selbstgebauten Holzhäuser erhält man in einem Wildwestladen ähnlich dem im unteren Bild.

Rechts: Denali, der Hohe, nennen die Eskimos den Mount McKinley, mit 6194 m höchster Berg Alaskas und Nordamerikas. Denali Park ist seit einigen Jahren wieder der offizielle Name für das Naturschutzgebiet rund um diesen Gipfel. Eine Straße führt von der Bahnstation bis auf die Höhe seiner Nordabstürze. Geduldig wartete ich mit meinen Freunden bei dem dort gelegenen Reflection Pond (Spiegelteich), bis sich uns in der Abendsonne das Schauspiel der Spiegelung des Denali bot, auf dessen Gipfel wir einige Tage vorher gestanden hatten. Die Erleichterung des Fluges zum Basislager (vgl. nächstes Bild) gibt es für die Nordrouten nicht: es ist verboten, im Park zu fliegen und zu landen.

langen Pause der Dampfbetrieb in der Nähe des Polarkreises wieder Einzug halten.

Am 29. August 1982 stand ich erneut am Bahnhof von Whitehorse. Alles schien ausgestorben wie bei meinem ersten Besuch. Aber gemäß Programm hätte doch die No. 73 den etwas vorher abgefahrenen Planzug aus dem Bahnhofsbereich gezogen haben sollen. Ein grimmiger Verdacht stieg auf. Dabei hatte ich vor der Abreise noch aus Skagway die telefonische Zusage erhalten, daß alles wie geplant ablaufen werde. Die Depottüre ist offen. Ich traue meinen Augen nicht. Da ist die No. 73. Eiskalt! Während ich die Maschine nach Spuren kürzlichen Betriebes absuche, steht plötzlich der «Engineer» – so nennen die Amerikaner den Lokomotivführer – vor mir. Er werde heute abend anheizen, sagte er. Ich sei willkommen, ihm dabei Gesellschaft zu leisten. Um 19 Uhr trafen wir uns beim Depot. Mit Diesellokomotiven wurde die No. 73 vor das Depot gezogen. Sie sah prächtig aus: schwarz lackiert mit weißen Zierlinien, weißen Radreifen, blanken Stangen. Für einen Preis von 200 000 Dollar ist gute Arbeit geleistet worden. Die Maschine ist ölgefeuert. Wir brauchten Druckluft für den Ölzerstäuber und den Hilfsbläser, welche wir von der Bremsleitung der Diesellokomotiven bezogen. Mit einer Handvoll brennender Putzwolle wurde gezündet. Der Zeiger des Kesseldruckmanometers begann bald zu klettern. Nach zwei Stunden war der volle Druck erreicht. Mit dem Abschmieren aller Stangenlager war die Arbeit beendet und die Maschine fahrbereit.

15 Minuten vor dem Planzug verließ der Dampfzug am folgenden Morgen Whitehorse. In flotter Fahrt ging es nach Carcross, sicher gelegentlich mit 80 km/h, der Höchstgeschwindigkeit der No. 73. Um die Aufnahmen in der Seelandschaft bei der Grenze machen zu können, fuhr ich jetzt im Auto eines Japaners mit. Dikke, schwarze Wolken über dem Paß verhießen nichts Gutes für den Rest des Tages. An der Stelle, wo die Strecke nach dem Paß wieder einzusehen ist, warteten wir. Nicht allzulange, da kam die No. 73 auch schon, vorsichtig zu Tal fahrend, in Sicht. Eine feine Dampfwolke verriet, daß die Gegendruckbremse verwendet wurde. Plötzlich änderte sich das Bild: eine riesige Dampfsäule schoß zum Himmel. Der Zug stand still. Der Führer mußte zu einer Notbremsung mit Gegendampf gezwungen gewesen sein. Meine Vermutung, daß ein Felssturz die Strecke versperrt hatte, wurde in Skagway bestätigt. Die No. 73, der Tender und der erste Wagen waren mit allen Achsen entgleist, Kuhfänger und Zugbalken verbogen. Es war Glück im Unglück, denn der erheblich schwerere Planzug hätte nicht so schnell anhalten können, und ein schwerer Unfall wäre wohl die Folge gewesen.

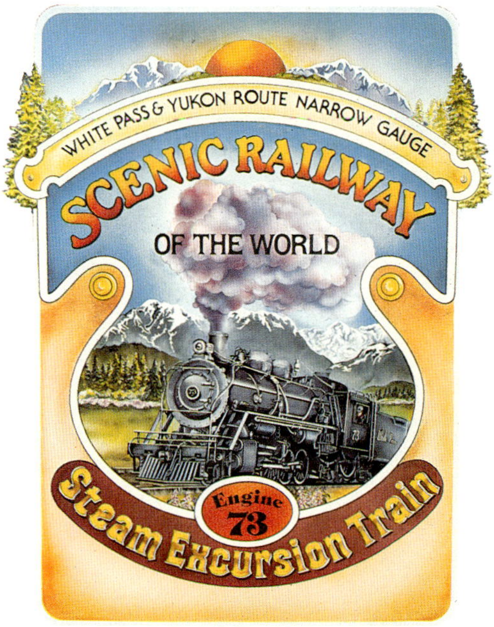

Ein klassisches amerikanisches Eisenbahnplakat warb für die schon eingangs erwähnten Touristenfahrten mit der No. 73. Zweifellos zu Recht bezeichnete die White Pass & Yukon Route ihre Strecke als eine der schönsten der Welt. Leider wurde in der nächsten Saison der ganze Betrieb im Gefolge der weltweiten Bergbaukrise, wenigstens vorläufig, eingestellt.

Die ganze Nacht waren die Hilfsmannschaften am Werk. In Glacier, der tief in einem Seitental liegenden Station 10 km vor dem Paß, kreuzte der Zug nach Whitehorse, den ich zur Rückfahrt benützte, die zum Abschleppen bereite 73. Langsam fuhren wir an der Stelle des Felssturzes vorbei, dann über eine kleine Holzfachwerkbrücke und durch einen anschließenden Tunnel. Bald war auch die große, talüberspannende Stahlfachwerkbrücke erreicht, welche jetzt weiter hinten im Tal umfahren wird. Sie war zu schwach, um die schweren Dieselgespanne tragen zu können. In Bennett wurde das im Fahrpreis inbegriffene Mittagessen serviert: Elchragout mit Bohnen und Kartoffeln. Es blieb auch noch etwas Zeit, um die hier als Denkmal aufgestellte Rotary-Schneeschleuder zu besichtigen. Fast pünktlich trafen wir in Whitehorse ein. Die bis zu 60 Minuten Verspätung unterwegs waren aufgeholt. Ich erhielt eine schnelle Grenzabfertigung, ein vorbestelltes Taxi brachte mich gerade noch rechtzeitig zu dem schon wartenden Flugzeug. W.P.&Y.-Service!

Wäre alles nach den Plänen des Managers des Passagierdienstes gegangen, führen jetzt die Personenzüge wieder mit Dampflokomotiven. Er wollte es den erfolgreichen Leuten von Silverton in Colorado gleichtun. Leider hat das Ausbleiben der Erzfracht der Bahn vorerst die Lebensgrundlage entzogen. Daß die Strecke ohne diese Einnahmen kaum existieren kann, illustriert am besten die Fahrplananmerkung zum Winterdienst: die Züge verkehren montags bis freitags. Die Fahrzeiten hängen von den Wetterbedingungen ab und sind zu erfragen.

◁ Der ab Mai nur an der Oberfläche auftauende Boden läßt die Natur zu neuem Leben erwachen. Unzählige Tümpel und Sumpfgebiete entstehen, ein wahres Paradies für Stechmücken, welche dann zu Milliarden ausschwärmen. Was sich hier während des Fluges in einer Cessna zu dem an der Parkgrenze gelegenen Basislager der McKinley-Südrouten dem Auge so herrlich darbietet, war einst eines der größten Hindernisse auf dem Weg zum Gipfel.

Rechts oben: Einer der Höhepunkte der Reise auf der Nordseite des White Pass ist die Fahrt entlang des Bennett Sees. Zwei General-Electric-Lokomotiven der 90er-Serie hatten in der Station Bennett den Zug übernommen, mit welchem ich im August 1982 von Skagway nach Whitehorse fuhr. Wegen ihrer bescheidenen Motorleistung sind diese Maschinen für Tandembetrieb konzipiert und daher nur auf einer Seite mit einem Führerstand ausgerüstet worden.

Rechts unten: Ein Zweiergespann der später von ALCO/Montreal gelieferten 101er-Serie, eines international verbreiteten 1200-PS-Typs, wartet vor dem Ausflugszug nach Fraser an der Grenze USA/Kanada auf die Fahrgäste. Ein Spezial-Frachtschiff der White Pass Marine Division liegt am Pier von Skagway vor dem soeben, an einem Augusttag im Jahre 1980, eingelaufenen Kreuzfahrtschiff.

5
CASS

Erinnerungen an die Waldbahnzeit: Shay-, Heisler-, Climax- und Malletlokomotiven

Vor mir liegt ein Prospekt der «Cass Scenic Railroad», mit dem die Naturparkverwaltung West Virginias zu einer Fahrt in die Vergangenheit einlädt. Bilder von Zügen inmitten dichter Wäder und von Lokomotiven ungewohnten Aussehens sollen die Neugier des Betrachters wekken. Das ferne, in unberührter Waldlandschaft liegende, einsame Cass ist einer der Orte, an denen ein Stück amerikanischer Waldbahnzeit erhalten geblieben ist. Was sind Waldbahnen? Warum wurden sie gebaut und verschwanden so plötzlich wieder von der Bildfläche? Was steckt hinter den nur Kennern vertrauten Bezeichnungen Shay, Heisler, Climax?

Ein Ausspruch Ephraim Shays, des Erfinders der nach ihm benannten ersten und erfolgreichsten Lokomotivbauart für Waldbahnen, sei den Antworten auf diese Fragen vorangestellt: «Es war und ist noch immer das große Problem der Holzgewinnung, wie man die Baumstämme aus dem Wald herausbekommt.» Holz hatte seinerzeit vor allem im Baugewerbe eine viel größere wirtschaftliche Bedeutung. Wo es keine geeigneten Wasserwege gab, war der Transport aus den Wäldern heraus auf die Wintermonate beschränkt und erfolgte mit Pferdeschlitten. Für einen Ganzjahresbetrieb gab es in der 2. Hälfte des 19. Jahrhunderts nur eine Möglichkeit: die noch junge Eisenbahn. Also versuchten die damals vor allem im Gebiet westlich der großen Seen tätigen Holzfällerbetriebe schon ab 1860 mit einfachsten, selbstgebastelten Mitteln auszukommen: Holzschienen sowie auf Plattformwagen montierte Kessel mit Dampfmaschinen, welche die Räder über Riementriebe bewegten. Ein einfacher Schienenweg mußte den Schlaggebieten folgen, also hatten die Fahrzeuge dieser holprigen, kurvenreichen Bahn angepaßt zu sein. Als um 1870 eine Serie milder Winter im Staat Michigan, wo Shay als Holzindustrieller tätig war, den Holztransport mit Pferdeschlitten praktisch lahmlegte, machte er sich an die Entwicklung «seiner» Lokomotive. Als Vorbild diente ihm der schon damals auf zwei Drehgestellen montierte Holztransportwagen, welcher auf Schienen aus Ahornholz gut lief. Anfangs wurde Shay von den Berufskollegen wegen seines eigenartigen Vehikels eher belächelt und nicht verstanden, doch dann verwandelte sich der Spott rasch in ernsthaftes Interesse für die neue Idee. Denn die Waldbahn machte Shay unabhängig von den Launen der Witterung.

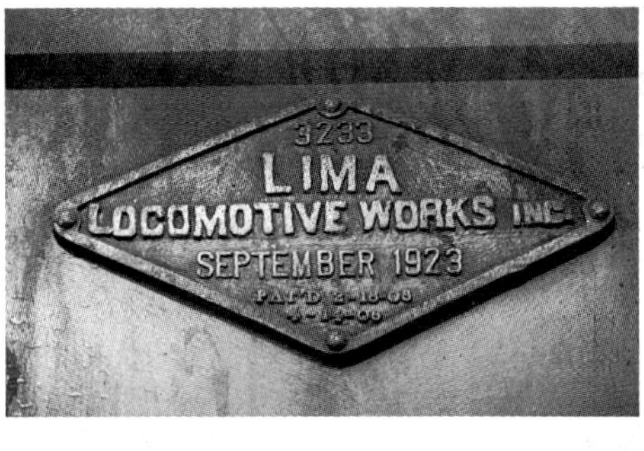

Seiten 24–26

Alle vier Bilder sind in Cass im August 1980 aufgenommen worden. Links der von den Dreigestell-Shays 4 und 5 zum Bald Knob (1476 m) beförderte Zug. Auf der 18 km langen Strecke kommen Steigungen von 11% vor, weshalb der Zug, außer zwischen den Spitzkehren, wie bei Zahnradbetrieb geschoben wird.

Oben: Triebwerk und Fabrikschild der No. 4. Die drei vertikalen Zylinder liegen neben dem exzentrisch angeordneten Kessel vor dem Führerhaus. Deren Kolben arbeiten auf die in der Höhe der Radachsen in Fahrzeuglängsrichtung liegende Kurbelwelle. Diese ist mit Gelenkwellen gekuppelt, welche zu den Achsen der Drehgestelle führen. Jede Achse wird sodann über ein Kegelradpaar angetrieben. Die Getriebekästen sind im linken, die Gelenkkupplungen im oberen Bild gut zu erkennen.

Shays 1881 patentierte Erfindung sprengte die gewöhnlichen Lokomotiven gesetzten Grenzen. Seine Maschinen vollbrachten bis anhin für unmöglich Gehaltenes: Sie überwanden mit schweren Lasten extreme Steigungen und Haarnadelkurven auf provisorischen und wackeligen Gleisen.

Auf der Suche nach einer geeigneten Firma für den Bau seiner Lokomotiven gelangte Shay an ein kleines Maschinenbauunternehmen aus Lima/Ohio. Die Zusammenarbeit war erfolgreich, und gegründet auf die Exklusivrechte an Shays Patenten bauten die Lima Locomotive Works jahrzehntelang zu Hunderten diese so erfolgreichen Lokomotiven.

Nachdem die ersten Stufen der Entwicklung durchlaufen waren, blieben die entscheidenden Merkmale von Shays Lokomotive unverändert, wie wir sie an jetzt noch vorhandenen Maschinen sehen können. Die Gründe für den Erfolg der Shays sind ihre außergewöhnlichen Laufeigenschaften und die Vermeidung toten Gewichts bei hoher Ausnützung der Reibung zwischen Rad und Schiene dank gleichförmigen Drehmoments, welches durch die Getriebeuntersetzung erzielt wird.

Auch hier stiegen im Laufe der Zeit die Anforderungen. Mit einer einzigen Lokomotive sollte noch mehr befördert werden. Also kamen ein drittes, ja sogar ein viertes Drehgestell und auch ein dritter Zylinder dazu. Die größte und letzte von Lima gebaute Shay verließ die Werkshallen im Jahre 1945. Der Gigant wiegt 165 Tonnen und ist in Cass in Betrieb zu sehen. Er zieht auf 6% Steigung noch einen Zug von 270 Tonnen, was in Europa zur Zeit des Dampfbetriebes nur mit Hilfe von Zahnradlokomotiven erreicht wurde. Von welcher Seite auch immer: eine Shay bietet ein fast groteskes Bild. Durch die exzentrische Lage des Kessels entsteht von vorne gesehen der Eindruck, die Lokomotive müßte nach einer Seite umkippen. Auf der Seite der Antriebszylinder wird man mit dem Schauen kaum fertig, und unser technisches Verständnis wird schlichtweg überfordert, wenn sich das ganze mechanische Wunderwerk in Bewegung setzt. Da ist ein fast unübersehbares Gewirr von Kolben, Stangen, Lagern, Wellen, Gelenken und Zahnrädern. Schon bei ganz langsamer Fahrt bewegt sich alles rasend schnell und mit einer Vielfalt metallisch klappernder Geräusche. Bei Höchstgeschwindigkeit, atemberaubenden 15 km/h, täuscht eine Shay akustisch das Herannahen eines alten amerikanischen Expreßzuges vor. Auf der gegenüberliegenden Lokomotivseite fällt der stark konische Kessel auf. Diese Bauform ist notwendig, um den Wasserstand auch auf stark geneigter Strecke innerhalb zulässiger Grenzen zu halten.

Natürlich konnte es nach dem Erfolg von Lima nicht allzu lange dauern, bis Konkurrenten auf den Plan traten, welche einen Teil des Kuchens für sich beanspruchten. Es waren die Firmen Climax und Heisler, welche in den Grundzügen ähnliche Lokomotiven unter ihren Firmennamen auf den Markt brachten. Zur Umgehung der Patente von Lima mußten andere Formen der Kraftübertragung von den Kolben auf die Räder gewählt werden, welche in den Bildtexten kurz beschrieben sind.

Nur in bescheidenem Umfang fanden diese drei Bauarten Eingang außerhalb der Waldbahnbetriebe – und niemals in Europa. Anders verhält es sich mit der Erfindung des Franzosen Anatole Mallet, dessen Entwürfe auf Ideen von Rimrott beruhen und erstmals im Jahre 1887 bekannt wurden. Malletlokomotiven waren fast überall auf der Welt zu finden und wurden nicht exklusiv nur von einer Firma gebaut. Den Höhepunkt ihrer Entwicklung erlebten sie in den USA, vor allem mit den legendären «Big Boys» der Union Pacific.

In keiner Beziehung konnten die Mallets den Getriebe-Gelenklokomotiven die Stirn bieten – außer in einer: sie waren schneller. Ihr Einsatzgebiet befand sich daher außerhalb des eigentlichen Waldbahnbereiches. Ihre schwache Stelle sind die hohe Unterhaltskosten verursachenden beweglichen Dampfleitungen.

Mit der Erschließung des Westens Nordamerikas war natürlich auch der Nutzung der dortigen, riesigen Waldgebiete Tür und Tor geöffnet. Die Mammutbaumbestände riefen fast eine Art Holzrausch hervor. Sequoias, eine Baumart dieser Gattung, erreichen Stammdurchmesser von etwa 10 Metern und ein Alter von bis zu 4000 Jahren. Nur Waldbahnen gestatteten damals, sich – in wenig ehrfürchtiger Weise – an diese ältesten Lebewesen unserer Erde heranzumachen. Während es auf dem Höhepunkt der Entwicklung im Osten der USA der Staat West Virginia auf rund 5000 Kilometer Waldbahnen brachte, erreichte das Netz des Westens weit mehr als das Doppelte dieser Länge. Weyerhaeuser, Pickering und Rayonier zählten zu den großen Namen der Holzbranche und der Waldbahnbesitzer.

Den ersten schweren Schlag versetzte den Waldbahnen und den Dampflokomotiven die Weltwirtschaftskrise von 1930. Bis zum Anfang der sechziger Jahre führte das Zusammenwirken von verringertem Holzbedarf, dezentralisierten Schlaggebieten, ein Versagen des Dieselbetriebes unter den rauhen Betriebsbedingungen und zu guter Letzt der Siegeszug von Lastwagen und Schubraupe zum Verschwinden aller Dampflokomotiven und der meisten Strecken. Aber das einmalige, romantische Schauspiel des dampfbetriebenen Waldbahnzuges gehört noch nicht ganz der Vergangenheit an. Auf mehreren, zum Teil recht langen Teilstrecken ehemaliger Waldbahnen werden jetzt Touristen anstatt Baumstämme befördert. Die mechanischen «starken Männer der Wälder» lassen noch immer ihre heiseren Pfiffe und unnachahmlichen Betriebsgeräusche weiterhin durch die Einsamkeit hallen.

Keiner der beiden Konkurrenten, Heisler und Climax, konnte je den Vorsprung von Lima mit seiner Shay aufholen. Das zeigt sich auch in der Verteilung der noch betriebsfähig überlebenden Lokomotiven, deren Mehrheit der Shay-Bauart angehört. Eine der jetzt seltenen Heisler-Maschinen mit drei Drehgestellen ist die 1929 gebaute No. 6 (oben). Deutlich erkennt man auf der Aufnahme links den rechten der beiden in V-Anordnung montierten Zylinder, deren Kolben auf eine unter dem Kessel befindliche Kurbelwelle arbeiten. Mit dieser sind wieder Gelenkwellen gekuppelt. Nun wird aber nur je eine Achse jedes Drehgestells mit einem Kegelradgetriebe versehen, während die zweite Achse außen mittels Kuppelstangen angetrieben wird. Die kegelförmigen Kaminaufsätze und die Siebe dienen dem Funkenfang.

Die kleine, auf zwei Drehgestellen laufende Heisler, ebenfalls aus dem Jahre 1929, entdeckte ich in Dry Gulch Junction/Virginia nach meinem Besuch in Cass. Sie fuhr dort mit einem Wägelchen als eine der Attraktionen dieses Wildwest-Vergnügungsparkes. Natürlich durfte, getreu dem Motto des Parks, der in den USA populäre Banditenüberfall auf den Zug nicht fehlen.

Die große Climax, Baujahr 1928, auf dem mittleren Bild ist bei der Mt. Rainier Scenic R. R. in Elbe/Washington eingesetzt. Leider versteckte sich der Berg bei meinem Besuch in dicken Wolken. Climax-Lokomotiven haben die Zylinderanordnung einer normalen Zweizylindermaschine. Statt der Räder wird eine Blindwelle angetrieben. Hier hört der deutlich sichtbare Teil des Antriebes auf. Der Rest ist in der Längsachse unter dem Kessel eher versteckt. Ein Kegelradgetriebe treibt die zu den Drehgestellen führenden Gelenkwellen an. Jede Achse besitzt nochmals ein solches Getriebe.

Das Prinzip der Mallets weicht wesentlich nur insoferne von dem normaler Lokomotiven ab, als der Hauptrahmen zweigeteilt ist. Der vordere Teil ist als Drehgestell ausgebildet. Jeder Teil hat bis zu vier von je einem Zylinderpaar angetriebene Achsen. Dabei kommt das Verbundprinzip zur Anwendung, das heißt, der Dampf aus den kleineren Hochdruck- wird in den größeren Niederdruckzylindern nochmals entspannt. Die einzige nordamerikanische, betriebsfähige und regelmäßig eingesetzte ehemalige Waldbahn-Mallet befindet sich in Snoqualmie/Washington. Hier verkehrt sie an Wochenenden auf einer 8 km langen Strecke vor Touristenzügen. Baldwin baute sie 1926. Viele dieser Mallets führten ihren Wasservorrat nicht in einem Wassertender, sondern in einem über dem Kessel sitzenden Satteltank mit.

5942
CP Rail
5942

Bahnen in den Bergen der Weststaaten

Im April 1977 unternahm ich meine erste Reise in die USA, um die Bahnen dieses Landes kennenzulernen. Drei Bergstrekken standen auf meinem Programm: Cajon-, Tehachapi- und Donner-Pass. Ich wollte einige der damals gerade geschaffenen Amtrakzüge und den schweren Güterzugbetrieb in voller Aktion sehen und fotografieren. Als Ausgangspunkt bot sich Los Angeles an. Auf dem einzigen für den Fernverkehr noch geöffneten Bahnhof, der Union Station, hoffte ich einige Informationen erhalten zu können.

Das Gebäude sieht wie eine Kirche aus, notierte ich damals in mein Tagebuch. Die große Empfangshalle machte noch immer einen gediegenen Eindruck. Der «Southwest Limited» war gerade zum Check-in bereit. Ungefähr hundert Reisende standen Schlange am Zugang zum Bahnsteig. Die Prozedur erweckte bei mir Erinnerungen an die wenig populären, längst abgeschafften Bahnsteigsperren in Europa. Es gelang mir, das Hindernis zu umgehen und zu den drei Lokomotiven zu gelangen, welche an der Spitze der Komposition von 10 Wagen standen. Der Lokomotivführer – ein Santa-Fe-Mann, da der Zug über die Strecke dieser Gesellschaft fährt – war hier der einzige, von dem etwas in Erfahrung zu bringen war. Er zerstreute meine Befürchtungen, daß Güterzüge vornehmlich bei Nacht führen oder es wegen ihrer extremen Transportkapazität nur wenige brauche. Ein Fahrdienstbüro wie auf unseren Bahnhöfen gibt es auf den Amtrakstationen nicht. Wozu auch? Die Signale gehen zur Abfahrtszeit auf «Grün», und der Zugsführer erteilt den Abfahrtsbefehl. Die Verständigung mit der Zugleitstelle erfolgt über Funk.

Die Fahrzeiten der Güterzüge in Erfahrung zu bringen schien also unmöglich. Die nächste unangenehme und nicht erwartete Feststellung war, daß auf den in Buchläden erhältlichen Landkarten die Bahnlinien nicht eingezeichnet sind. Nur die Spezialkarten des U.S. Geological Survey – ein Dienst wie unsere Landestopographie – enthalten diese Informationen. Solche Karten sind aber nur in

Links: Drei Pässe müssen die Züge der Canadian Pacific Railway (C.P.) auf ihrem Weg zu den und durch die Rocky Mountains überwinden. Von Westen kommend, zuerst den kaum als solchen wahrzunehmenden Eagle Pass in den dicht bewaldeten Monashee Mountains. Vom Columbia River wieder ansteigend wird der seit 1916 bestehende, 8 km lange Connaught-Scheiteltunnel unter dem Rogers Pass in den Selkirks erreicht.
Aus dem Talkessel von Golden erfolgt schließlich der lange Anstieg zur kontinentalen Wasserscheide am Kicking Horse Pass. Hier wurde auf der steilen Westrampe die Originaltrasse im Jahre 1908 durch eine Kehrtunnelanlage, von der Art, wie wir mehrere am Gotthard besitzen, wesentlich verbessert.
Der auf dem linken Bild gezeigte Güterzug der C.P. wurde im September 1982 bei der Ausfahrt aus der Station Glacier, auf der Westseite des Rogers Pass aufgenommen. Das Stationsgebäude ist unbesetzt, aber ein Telefonapparat gestattet, mit der Zugsleitung Kontakt aufzunehmen. Der Beamte am anderen Ende des Drahtes erteilte mir bereitwillig die benötigten Auskünfte über den Lauf der Züge.
Teile der alten Trasse über den Paß, welche in einer Schleife in ein rechts, schon außerhalb des Bildes liegendes Tal und über den Hang im Hintergrund führte, sind noch zu sehen.

Oben: «San Francisco Municipal Railway» ist der offizielle Name für den Cable-Car dieser Stadt. Da er in einer bergigen Landschaft zu Hause ist – er muß sogar Steigungen von mehr als 20% überwinden –, glaube ich, daß er hier seinen Platz verdient hat. Was ist der Cable-Car? Eine Mischung aus Standseil- und Straßenbahn. Die einzelnen Wagen werden durch ein unterirdisch kontinuierlich umlaufendes Seil gezogen. Auf dem Bild erkennt man den Schlitz in der Mitte des kapspurigen Gleises, durch welchen ein Greifer das Seil faßt und so den Wagen mit diesem kuppelt. Den Greifer bedient der «Gripman» genannte Wagenführer. Er verrichtet eine Arbeit, die viel Kraft und Aufmerksamkeit erfordert. Nach einer 1982 begonnenen Totalrevision der seit über 30 Jahren unter Denkmalschutz stehenden Bahn ist das bei Einheimischen und Touristen populäre Verkehrsmittel wieder in vollem Betrieb.

Nach der ersten kanadischen Transkontinentalbahn möchte ich nebenstehend und auf der übernächsten Doppelseite die älteste US-amerikanische Transkontinentalstrecke vorstellen. Auf ihrem Weg durch die Rockies wird sie uns im nächsten Kapitel nochmals begegnen. Während die Canadian Pacific nach Überwindung der Rocky Mountains noch die Selkirks und Monashees durchstößt, um den Pazifik zu erreichen, muß die Southern Pacific als zweites Gebirge die Sierra Nevada bezwingen.

Der Aufstieg zum kurzen Scheiteltunnel am Donner Pass beginnt im Osten in der für ihre liberalen Heirats- und Scheidungspraktiken bekannten Stadt Reno. Der erste Teil führt durch das enge Tal des Truckee River. Wo es sich zu einem Becken erweitert und der mit dem Fluß gleichnamige Ort liegt, machte ich im April 1977 die Aufnahme des westwärts fahrenden Güterzuges.

Von Truckee, einer Amtrak-Station, ist das weltbekannte Skigebiet Squaw Valley leicht zu erreichen. Vielleicht wird es eines Tages Skifahrerzüge von den Städten an der Küste hierher geben. Jetzt muß man noch fünf Stunden Autobahnfahrt in Kauf nehmen.

Rechts: Zwei Bahnlinien verbinden San Francisco mit Los Angeles: die Coast und die Valley Route. Nach Bakersfield, am südlichen Ende des großen Beckens zwischen der Sierra Nevada und dem Küstengebirge, steigt die letztere in die in 1000 m Höhe liegende Mojave-Wüste. Auf dieser Bergstrecke befindet sich etwa 8 km vor dem Paß die bemerkenswerteste Bahntrassierung des Westens der USA: die Tehachapi-Schleife.
Da eine doppelte Kehrschleife nicht ausreichte, um die Talstufe zu überwinden, wurde die Strecke anschließend rund um einen kegeligen Hügel geführt. Sie verläuft dann am Hang noch einen Viertelkreis weit parallel zur vollen Schleife. Diese ist zusammen mit dem Viertelkreis zweigleisig als Ausweiche angelegt und gerade lang genug, um die schwersten Güterzüge voll aufnehmen zu können. Eine gerade Linie läßt sich so durch diese Schleifenentwicklung legen, daß die Strecke fünfmal geschnitten wird.
Obwohl Southern Pacific und Santa Fe diese Strecke gemeinsam benützen, ist ihre Betriebspraxis sehr verschieden: erstere verteilt die Lokomotiven in Gruppen über die Zugslänge, letztere spannt bedenkenlos fünf Maschinen vor einen Zug.
Auf dem Bild sieht man das Dreiergespann an der Spitze eines S.P.-Zuges gerade über dem Anfang der 360-Grad-Schleife. Die erste der vier Zwischenlokomotiven kommt soeben aus dem kurzen Unterführungstunnel heraus. Die neuesten sechsachsigen Diesellokomotiven wiegen 186 t und befördern auf dieser 25‰-Rampe 1100 t mit einer Geschwindigkeit von 25 km/h. Die Streckenhöchstgeschwindigkeit beträgt 40 km/h. Der gezeigte Zug dürfte also 7500 t schwer gewesen sein.

Seite 33
Der rund 1100 m hohe Cajon Pass im Küstengebirge bei Los Angeles dient drei Bahnen und den Amtrakzügen, um das Landesinnere zu erreichen. Santa Fe und Union Pacific benützen eine Gemeinschaftsstrecke, deren zweites, nur 22‰ geneigtes Gleis erst 1911 gelegt wurde. Auf der ursprünglichen Trasse mit 30‰ Gefälle wird zu Tal gefahren. Seit 1967 besitzt auch die S.P. hier eine eigene, eingleisige, ungefähr parallel verlaufende Linie. Etwa 20 Güterzugspaare zählte ich während 11 Stunden auf dieser Strecke. Damit liegt das durchschnittlich hier beförderte Bruttogewicht beim drei- bis vierfachen der Gotthardstrecke. Ganz anders ist das Verhältnis für den Reisezugsverkehr: Zwei täglichen Zugspaaren der Amtrak, «Southwest Limited» und «Desert Wind», stehen durchschnittlich fünfzig am Gotthard gegenüber.
Der Zug der Santa Fe ist bergfahrend im April 1977 in der Sullivan's Curve aufgenommen. Mein Standpunkt befand sich auf der Trasse der S.P.

deren Büros in großen Städten zu kaufen. Ein Eisenbahnatlas mit Prinzipskizzen des Bahnnetzes, eine großmaßstäbliche Nordamerikakarte und eine gute Portion Spürsinn und Orientierungsvermögen blieben für die bevorstehenden Tage und auch späterhin meine Hilfsmittel, um den Streckenverlauf und Fotostandpunkte auszukundschaften.

Anderntags am Cajon Pass: entlang der ganzen Bergstrecke gibt es nur fern-

bediente Ausweichen und Gleiswechselstellen. Das Zugspersonal, je zwei Mann auf der ersten Lokomotive und in der am Schluß laufenden «Caboose», dem Dienst- und Bremserwagen, grüßt freundlich mit Handzeichen, wie es fast weltweit unter Eisenbahnern üblich ist. Die in den Zügen eingereihten Zwischenlokomotiven sind unbesetzt. Sie werden von der ersten Maschine aus über Funk gesteuert. Die schweren Güterzüge folgen sich manchmal im Blockabstand. Ich zählte bis zu 110 Wagen in einem Zug.

Die U.P. setzte damals noch die Centennials ein. Diese achtachsigen Maschinen mit einer 6600-PS-Motorenanlage waren die stärksten Diesellokomotiven der Welt. Drei solche Einheiten waren normalerweise einem Güterzug vorgespannt. Wie der Name dieser Lokomotiven sagt, wurden sie zum 100-Jahr-Jubiläum der U.P.-Transkontinentalstrecke geliefert. Die Union Pacific setzte mit diesen Maschinen ihre traditionelle Vorliebe für Größe fort. Vorgänger waren riesige Gasturbinenlokomotiven und die Big Boys, die größten Dampflokomotiven aller Zeiten. Sie waren mit 18 Betriebsjahren bei weitem die erfolgreichsten dieser Giganten.

Die Fahrzeiten der Güterzüge nicht zu kennen, erwies sich als unproblematisch. Schon von weither kündigten sich die Züge an: die bergfahrenden durch das dumpfe Dröhnen der Dieselmotoren; die talfahrenden durch das heulende Geräusch der Lüfter der Bremswiderstände. Hier ist ein kurzer technischer Hinweis am Platze. Alle in den USA gebauten Diesellokomotiven besitzen elektrische Kraftübertragung. Ein vom Dieselmotor angetriebener Generator speist die Triebmotoren. Zum Bremsen arbeiten diese als Generatoren. Die so erzeugte Energie wird in Bremswiderständen vernichtet und durch kräftige Belüftung an die Umgebung abgegeben.

Die bekanntesten und schönsten Stellen an diesen Strecken sind durch Wegweiser gekennzeichnet und über bahneigene Straßen – sogenannte Service Roads – zugänglich: Sullivan's Curve, Cajon Summit, Tehachapi Loop. Von einem Hügel oberhalb dieser Streckenentwicklung, die einer Darmverschlingung gleicht, kann man das Emporkriechen der endlos scheinenden Züge wie eine Theatervorstellung von einem Logenplatz beobachten. Ein ausnahmsweise kurzer Güterzug mit nur einer Lokomotive quälte sich im Schritttempo in die Ausweiche und hielt dort an. Solche Zwischenfälle gäbe es manchmal, sagte der Lokomotivführer. Mit Sandstreuen ließe sich sein Problem nicht beheben. Dieses sei schon für eine regulär verlaufende Bergfahrt nötig. Über Funk forderte die Mannschaft Vorspann an. Es dauerte nicht lange, bis talfahrende Hilfslokomotiven die Aufgabe übernahmen.

An der Strecke der Southern Pacific über die Sierra Nevada betrat ich geschichtsträchtigen Boden. Ich konnte einige der Stellen sehen, an denen seinerzeit der Bau – im Wettlauf mit der U.P. – nur dank des Mutes und der Einsatzbereitschaft chinesischer Arbeiter vorankam. Etwa hundert Jahre später bauten Chinesen, diesmal im eigenen Lande, mit fast denselben einfachen und waghalsigen Methoden Gebirgsbahnen. Auf den langen Galerie- und Tunnelstrecken, vor allem der Ostrampe, drohte dann den Lokomotivmannschaften jahrzehntelang der Erstickungstod. Deshalb begann die S.P. schon 1910 Dampflokomotiven mit Frontführerständen zu bauen. Die letzten Maschinen dieses Typs lieferte Baldwin im Jahre 1944. Es waren ölgefeuerte Vierzylinder-Gelenklokomotiven mit acht Triebachsen. Eine dieser riesigen Lokomotiven steht jetzt im Eisenbahnmuseum in Sacramento, über welches eingangs berichtet wurde. Die hier durch Rauchgas zu Zeiten des Dampfbetriebes verursachten Probleme lassen sich ermessen, wenn man sieht, wie noch lange nach der Durchfahrt eines Dieselzuges dichte, schwarze Rauchschwaden aus den Tunneln strömen. Der Sauerstoffmangel in den langen, engen Röhren bewirkt eine unvollständige Verbrennung des Treibstoffes und daher Rußbildung. –

Einige Jahre später lernte ich einen Teil der C.P.-Strecke durch die Rockies kennen. Von Vancouver kommend ist der erste Höhepunkt der Reise die Fahrt durch den Fraser Canyon. Die Gleise der beiden großen kanadischen Bahngesellschaften, Canadian Pacific und Canadian National, laufen hier an den gegenüberliegenden Talseiten. Auf einer Strekke von 270 km mußte die später gebaute Staatsbahn mit der von der C.P. nicht benützten Talseite vorlieb nehmen. Wo der Fluß überquert wird, gibt es daher immer zwei Brücken: eine für jede Bahn.

Das Prinzip des Haltens auf Verlangen, in Europa nur auf Lokalbahnen üb-

9326

3196

lich, wird hier, wie auch in anderen einsamen Gegenden, für die Fernzüge praktiziert. In Hope (C.N.) fand ich eine Signalscheibe und Instruktionen, wie diese von den Reisenden zu bedienen sei. Der Haltepunkt Yale der C.P. besitzt nicht einmal einen Bahnsteig. Es bedarf einigen Vorstellungsvermögens, das dort stehende, verschlossene Streckenarbeiterhäuschen als Kennzeichnung des Haltepunktes zu interpretieren. «Halt für vorangemeldete, zahlende Reisende» lautet die entsprechende Fußnote im Fahrplan.

Bis Revelstoke im Columbiatal fuhren einst die Royal Hudsons. Eine Gedenktafel erinnert an das Ende ihres Einsatzes im Jahre 1954 und den Besuch des britischen Königspaares im Jahre 1939. König Georg VI. war von der Leistung dieses damals fabrikneuen Lokomotivtyps so begeistert, daß er der C.P. gestattete, die Maschinen mit dem königlichen Wappen zu schmücken und der Klassenbezeichnung das Wort «Royal» voranzustellen. Für die Weiterfahrt nach Calgary setzte sich dann eine der mächtigen und eleganten Selkirks an die Spitze der Expreßzüge. Eine dieser 1'E2'-Lokomotiven, deren letzte 1949 von ALCO/Montreal geliefert wurden, steht als Denkmal am östlichen Endpunkt ihrer Stammstrecke.

Die schwierigsten Abschnitte der Bergstrecken waren schon lange vor dem

◁ Auf dem zweiten Teil der Bergfahrt zum Donner Pass sind rund 350 m Höhenunterschied zu bewältigen. In der Nähe des auf 2100 m liegenden Scheiteltunnels verläuft die Strecke meist in Schneeschutzgalerien. Zwischen zwei derselben taucht gerade das Lokomotivdreigespann an der Spitze eines Güterzuges auf. Im Hintergrund der Donner-See, das Becken von Truckee und eine weitere Kette der Sierra Nevada. Die hier noch im April liegenden Schneemassen lassen die Probleme des Winterbetriebes erahnen.

Auf der noch schneereicheren Westseite des Passes ist die Station Norden, in der Nähe des Tunnelportals, inklusive der Drehscheibe und aller Zugangswege in Holzgalerien angelegt. Die Wände des fensterlosen Büros der regionalen Zugsleitstelle hat das Personal mit originellen Eisenbahnbildern geschmückt.

Oben: Die California Western R.R. betreibt eine 65 km lange Stichbahn von Willits nach Fort Bragg an der Küste, rund 350 km nördlich von San Francisco. «Skunk», Stinktier, heißen die knallgelben, 50 bis 60 Jahre alten Triebwagen, die hier ein reguläres Verkehrsmittel sind. «Super Skunks» werden die schwereren Saison-Exkursionszüge genannt. Als Lokomotiven stehen die Mikado No. 45 (Baldwin, 1924) und zwei der wenigen von Baldwin gebauten Diesellokomotiven zur Verfügung. Die Strecke verläuft bis Northspur in einem Tal mit schönen Redwood-Beständen. Redwood ist ein Verwandter des Mammutbaums, von dem einige schöne Exemplare im Bereich der Station Northspur anzutreffen sind. Der obere Streckenteil ist eine Gebirgsbahn mit vielen Kehrschleifen. Die Aufnahme aus dem Jahr 1980 zeigt den «Super Skunk» bergfahrend auf der Talstrecke.

Rechts: Wenige Stunden vor dem Ende seiner zweitägigen, 3906 km langen Fahrt von Chicago nach Oakland begegnet uns der «California Zephir» auf der Talfahrt vom Donner Pass unterhalb von Emigrant Gap (Winter 1984). Dieser täglich verkehrende Amtrakzug ist eine der fünf Zugsverbindungen von Chicago zur Pazifikküste. Die letzten 1000 km verlaufen derzeit auf der ersten Transkontinentalstrecke Amerikas.

Die Waggons des Typs Superliner, welche auf diesen Fernverbindungen eingesetzt werden, haben Personenabteile in 2 Stockwerken und wiegen etwa 70 t. Schlaf-, Speise- und Sitzwagen mit reservierten Plätzen, sogenannte Coaches, werden angeboten. Statt der Dome-Cars sind jetzt besondere Coach-Cars mit teilweise verglastem Dach eingesetzt. Jede der beiden Diesellokomotiven leistet 3000 PS.

Ende des Dampfbetriebes entschärft worden. Im Bestreben, den Bahnbau rasch und billig voranzutreiben, wurden in Amerika viele Pässe offen überschient. So auch der Rogers Pass. Den unmittelbaren Anlaß zum Bau des Connaught-Scheiteltunnels bot hier ein großes Lawinenunglück im Jahre 1910. Im Rasthaus auf der Paßhöhe ausgestellte Bilder erinnern an dieses Ereignis. Man sieht Aufnahmen von den Versuchen, die Strecke beheben. Das gelang. Inzwischen hatte ich die schwer zugängliche Strecke durch eine Fahrt mit dem Triebwagen kennengelernt. Zu den Fotostandorten für die Fahrten des Dampfzuges am Vor- und Nachmittag konnte ich nur gelangen, falls mich der Triebwagen morgens auf freier Strecke absetzte und später von dort 10 km weit talwärts mitnahm. Dieser nicht alltägliche Wunsch stieß bei der Verwaltung in Fort Bragg auf fast unerquittiert. Nachdem ich mich abends in Fort Bragg von der hilfsbereiten Mannschaft der No. 45 verabschiedet hatte, fuhr ich nach San Francisco. –

Der «Cable-Car» im Zentrum dieser Stadt ist eine weltweit bekannte Touristenattraktion. 1872 wurde hier die erste Anlage dieser Art gebaut. Die drei jetzt noch bestehenden Linien sind die letzten von einstmals 125 in 28 Städten der USA. Ich konnte mir eine Fahrt mit diesem

wieder zu öffnen, und der Trümmer der Rotary-Schneeschleuder, welche zusammen mit vielen Eisenbahnern das Opfer eines weiteren Lawinenniederganges wurde. –

Nach diesen berühmten Bergstrekken möchte ich noch eine kleine, wenig bekannte vorstellen: die Strecke der California Western R.R. Als ich sie besuchte, um Aufnahmen der von einer ihrer beiden Dampflokomotiven gezogenen Touristenzüge zu machen, waren natürlich beide außer Betrieb. Die Mallet wegen abgelaufener Kesselfrist; die Mikado wegen eines lose gewordenen Radreifens. In meiner Enttäuschung erzählte ich den Leuten in der Werkstätte, woher ich angereist sei, um ihre Maschine auf der schönen Strecke zu fotografieren. Sie versprachen, den Schaden schnellstens zu wartet großes Verständnis. Der Triebwagenführer erhielt den Auftrag, meinen Anweisungen zu folgen. Bei nur vier Aufnahmemöglichkeiten im Verlaufe des ganzen Tages, wollte ich nichts dem Zufall überlassen. Also mußte ich die Lokmannschaft bitten, fotogenen Rauch an noch nicht ganz genau festgelegten Orten zu erzeugen. Da es einem Heizer nicht zuzumuten ist, sich während seiner, einen ganzen Tag dauernden Arbeit auf vier Stellen zu konzentrieren, an denen wahrscheinlich entgegen seinem Rhythmus nachzufeuern ist, schlug ich ein Markierungssystem vor. Die Idee fand Gefallen, und wir einigten uns auf einige quer über das Gleis gelegte Äste etwa 500 m vor meinem Standplatz. Das funktionierte ausgezeichnet, und mein «Signal» wurde sogar jedesmal mit einem kurzen Pfiff einzigartigen Verkehrsmittel noch am gleichen Abend nicht versagen.

Wie schon im Bildtext erwähnt, werden die Wagen von einem unterirdisch, kontinuierlich mit rund 15 km/h umlaufenden Seil befördert. Zwei Mann der dreiköpfigen Besatzung jedes Wagens sind mit dessen Betrieb beschäftigt. Der dritte ist der Kondukteur. Der «Gripman» steht in der Wagenmitte, wo ihm drei große Hebel zur Führung des Wagens dienen. Mit zwei derselben lassen sich die Schienen- und die Notbremse bedienen. Der dritte ist der Seilgreiferhebel mit drei Stellungen: Seil festgeklemmt, Seil gleitet, Seil fällt heraus (voll geöffnet). In der erstgenannten nimmt das Seil den Wagen mit voller Umlaufgeschwindigkeit mit. Die Gleitstellung wird vor und während Stationshalten und zum

Links: Als ich im August 1980 diese Aufnahme des «Canadian» im Fraser Canyon bei Yale auf der C.P.-Strecke machte, fuhr auf den Gleisen der C.N., auf der anderen Talseite, noch der «Super Continental». VIA Rail Canada, eine 1979 gegründete, der Amtrak ähnliche Gesellschaft, hat sich inzwischen entschlossen, nur noch den Zug auf der C.P.-Strecke von Montreal nach Vancouver zu führen. Die jetzt 4899 km lange Reise dauert 3½ Tage. In dieser Zeit sind längere Aufenthalte in Winnipeg und Calgary eingeschlossen, welche den Reisenden gestatten, einige Sehenswürdigkeiten zu besichtigen. Das Angebot an verschiedenen Wagentypen ist größer als bei Amtrak: Coach, Dayniter, Schlaf-, Speise- und Dom-Aussichtswagen. Eine P7-Diesellokomotive und zwei führerstandslose B-Einheiten, alles vierachsige 1500-PS-Maschinen aus den fünfziger Jahren, ziehen normalerweise den Zug und betonen sein im Vergleich zu Amtrakzügen traditionelles Aussehen. Die zweite Lokomotive dürfte damals wohl wegen eines Defektes durch eine nicht zum Gespann passende ersetzt worden sein.

Rechts: Seit vielen Jahren fährt im Sommer ein von einer Royal Hudson gezogener Ausflugszug von North Vancouver, entlang eines fjordartigen Meeresarmes, nach dem 64 km entfernten Squamish. Die Strecke gehört den Eisenbahnen von British Columbia und führt in den hohen Norden.
Kaltes, regnerisches Wetter, wie es an jenem Septembertag des Jahres 1982 herrschte, kann mitunter genau das sein, was man für ein bestimmtes Bild braucht. Als ich mich für eine Aufnahmestelle entscheiden mußte, erinnerte ich mich dieser Tunneleinfahrt bei der Ausweiche Brunswick. Bei Sonne war die Sache hoffnungslos: genau Gegenlicht. Jetzt konnte die Aufnahme gelingen.
Viel Licht gab es an dieser engen, dicht mit Buschwerk verwachsenen Stelle nicht. Ohne einen der modernen, hochempfindlichen Filme in der Kamera hätte ich aufgeben müssen. Das Tunnelprofil war glücklicherweise großzügig ausgebrochen worden. Eine leicht asymmetrische Gleislage kam mir auch noch zugute. Nach einigem Probieren hatte ich eine richtige und sichere Position im Schutz eines kleinen Felsvorsprunges gefunden. Die Lokmannschaft, die ich nicht vorher informieren konnte, mußte, falls sie mich in dem kurzen zur Verfügung stehenden Moment erspähte, erkennen, daß ich profilfrei stand. Die Rechnung ging auf. Ein kurzer, routinemäßiger Warnpfiff vor dem Tunnel verriet, daß ich unbemerkt geblieben war.

Anfahren verwendet. An gewissen Stellen muß das Seil fallengelassen werden: vor den Endstationen, in bestimmten Kurven und bei Streckenkreuzungen, wo ein Seil tiefer als das andere läuft. In Kurven und auf Kreuzungen laufen die Wagen mit Schwung weiter, bis sie dank einer Senke im Gleis das Seil wieder fassen können. Es gibt auch einen Seilfanghaken auf den Wagen und Fangvorrichtungen an den Endstellen. Für Wagen mit nur einem Führerstand sind diese mit handbedienten Drehscheiben ausgerüstet.

Die zentrale Antriebsstation beherbergt auch das Museum der Bahn. Früher war es eine Dampfmaschine, heute ist es ein 750 kW-Elektromotor, welcher alle drei etwa 20 km langen Seilschlaufen antreibt. Die Seilabnützung ist hoch. Drei Seilwechsel jährlich sind notwendig. Eine gut eingespielte Mannschaft erledigt diese Arbeit während der nächtlichen Betriebspause in fünf Stunden. Wer nach San Francisco kommt, sollte den Besuch der Antriebsstation nicht vergessen, die einem mechanischen Irrgarten gleicht.

2860
BRITISH COLUMBIA
CANADA

484

Schauspiel auf Normal- und Schmalspur in den Rockies

Es waren vor allem Gold- und Silberfunde, welche noch tief im letzten Jahrhundert zum Bau des ausgedehnten, schmalspurigen 3-Fuß-Gebirgsbahnnetzes Colorados führten. Ortsnamen wie Golden, Silverton, Leadville und Silver Plume erinnern an diese bergmännische Vergangenheit. Groß war die Zahl der Bahngesellschaften. Im kleinen Silverton trafen sich beispielsweise vier verschiedene Bahnen. Die Denver & Rio Grande Western R.R. (D. & R.G.W.), 1921 aus einer Fusion hervorgegangen, ist noch jetzt im Geschäft, allerdings nur auf Normalspur. Colorado & Southern, Colorado Midland und Rio Grande Southern sind einige der Namen, welche uns bei einem Besuch im Eisenbahnmuseum in Golden häufig begegnen. Fotos und Gemälde zeigen, wie die kleinen Züge über Pässe, durch Schluchten und Tunnel, über Fachwerkbrücken und Schleifenentwicklungen fuhren und im Winter mit dem Schnee zu kämpfen hatten. Marshall und Poncha Pass, Alpine Tunnel, Ophir Loop und die Moffat-Bergstrecke, um nur einige der berühmten Namen zu nennen, haben schon lange keine Gleise mehr.

Aber die Bergwelt Colorados und der Nachbarstaaten ist noch immer eine Reise für Eisenbahnliebhaber wert. Diesellokomotiven der D. & R.G.W. ziehen schwere Güterzüge durch die Royal Gorge auf der Trasse der Schmalspurbahn von Denver nach Durango und durch den fast 10 km langen Moffat Tunnel. Die Cumbres & Toltec Scenic R.R. (C. & T.S.) betreibt die 103 km lange Strecke über den Cumbres Pass von Antonio nach Chama. Über die Durango–Silverton-Bahn ist in den Bildtexten einiges gesagt. Die große, offene 360-Grad-Schleife bei Georgetown, eine vergrößerte Ausgabe der Brusioschleife der Berninabahn, ist wieder aufgebaut und wird von Dampfzügen befahren. Zwei aus Guatemala gekaufte Consolidations tun hier neben anderen Lokomotiven Dienst. In einer Broschüre über diese Strecke steht in der Einleitung: «Während vieler Jahre war *der* Ausflug anläßlich eines Besuches in Colorado derjenige zur Schleife.» Die Zahnradbahn auf dem 4300 m hohen Pikes Peak besitzt von SLM und BBC gelieferte dieselelektrische Triebwagen. Auch eine der Baldwinmaschinen ist wieder betriebsfähig. Sie besitzt ein patentiertes Antriebssystem: Nach dem Verbundprinzip arbeitende Zylinder liegen in Tandemanordnung übereinander. Die Güterzüge der U.P. beginnen die Durchquerung der Rockies mit der Bezwingung des Sherman Hill, und einmal im Jahr treten hier sogar wieder einige der größten Dampflokomotiven der Welt in Aktion. Die Amtrakzüge benützen seit einigen Jahren die Rio Grande-Route.

Links: Die Stationsanlagen auf dem 3052 m hohen Cumbres Pass in den San-Juan-Bergen an der Grenze zwischen Colorado und New Mexico sind noch wie zu Zeiten der D.&R.G.W. erhalten. Am Eingang der Schneeschutzgalerie über dem Wendedreieck wartet die No. 484, eine von zehn K-36-Mikados aus dem Jahre 1925 von Baldwin, an einem gewitterhaften Nachmittag im August 1980 auf den Touristenzug aus Antonito. Sie übernahm diesen für die Talfahrt über die 40‰-Rampe nach Chama, weil an der Luftpumpe seiner Lokomotive ein Schaden aufgetreten war.

Oben: Super Power war der Übername für die vielen 2′D2′-Bauarten, welche zu Ende des Dampfzeitalters in den USA zu großer Beliebtheit gelangten. Die 1944 von ALCO, als letzte einer Serie von 44 Stück, an die U.P. gelieferte No.8444 ist einer der wenigen dieser Giganten, welche bis auf den heutigen Tag betriebsfähig erhalten sind. Auf jeder Triebachse mit ihren über zwei Meter hohen Rädern lasten 30,6 t. Sieben Umdrehungen pro Sekunde sind zur Erzielung der Höchstgeschwindigkeit von 160 km/h notwendig. Die Lokomotive und ihr 7achsiger Tender wiegen 410 t.

Als Kommentar schrieb ich nach zwei Tagen meines Besuches im Jahre 1978 in das Tagebuch, ich käme mir wie vierzig Jahre zurückversetzt vor. Der Bahnhof Durango war gefüllt mit Güter- und Personenwagen. Im Sektorheizhaus standen abends drei Maschinen unter Dampf. Mehrere Mann besorgten Unterhaltsarbeiten. Zur Abfahrtszeit herrschte am und um den Bahnhof emsiges Treiben. Fahrkarten waren leider nicht mehr zu haben, und meinem Wunsch, auf der dem Zug voranfahrenden Draisine mit-

Das unter Denkmalschutz stehende Stationsgebäude von Durango (unten) diente 70 Jahre lang, bis 1951 der Personenverkehr aus dem über 320 km entfernten Alamosa eingestellt wurde. Bis 1899 wurde die ganze 808 km lange Strecke nach Denver als Schmalspurbahn betrieben. Ein «Expreß» legte sie in 25 Stunden zurück. Die durch die Schluchten des Animasflusses führende, 73 km lange Fortsetzung der Strecke nach dem wegen seiner Silbervorkommen einst berühmten Silverton betrieb die D.&R.G.W. bis 1980 als Touristenbahn. Damals verkaufte sie die letzten Kilometer eines einst 2700 km messenden Schmalspurnetzes an einen begüterten Privatmann, welcher das jetzt Durango & Silverton Narrow Gauge R.R. genannte Unternehmen zu neuer Blüte führte.

Einige Tage nach der auf Seite 40 gezeigten Aufnahme in Cumbres entstand die nebenstehende eines Zweiergespanns der K-36-Mikados knapp vor der Einfahrt in diese Station. Der Fahrplan der C.&T.S. war im Sommer 1980 so gestaltet, daß die von Chama zum Paß fahrenden Züge regelmäßig Vorspann benötigten. Die vorne laufende No. 487 ist für den Winterbetrieb ausgerüstet, wie das einst unter der D.&R.G.W. üblich gewesen ist: mit dem großen Schneepflug und der Holzkabine auf dem Tender für einen Beobachter bei Schneeräumfahrten. Die Rotary-Schneeschleuder (ALCO, 1923) wird noch jetzt fallweise im Frühling vor einer K-36 zur Öffnung der Paßstrecke eingesetzt.

CUMBRES & TOLTEC SCENIC R. R.
487

fahren zu dürfen, konnte nicht entsprochen werden. Irgendwie war mein Ansinnen aber der Mannschaft zu Ohren gekommen. Als ich nachmittags in der Animasschlucht talwärts wanderte, blieb die Draisine stehen, und ich wurde zur Mitfahrt eingeladen. Unter zwei Bedingungen: Schweigepflicht und Trinkgeld. Wir fuhren bis zum hölzernen Wasserturm, von wo zwei Kollegen vom Fischfang zurückgebracht werden mußten. Erinnerungen an ähnliche Begebenheiten in Peru kamen mir in den Sinn. Kein Wunder: die Leute waren Mexikaner und wie alle Lateinamerikaner Lebenskünstler.

Für die Rückfahrt nach Denver wählte ich damals die Route über den Red Mountain Pass nach Montrose. Die Schweiz Amerikas nennt man diese Gegend. Auch entlang der ostwärts nach Gunnison weiter führenden Straße gab es bis 1949 eine Rio Grande-Strecke. In Cimarron wies eine Tafel den Weg zu einem Eisenbahndenkmal. Es war schon fast dunkel. Nach einigen Kilometern erschien plötzlich im Licht der Scheinwerfer eine Lokomotive, die 1'D des Typs C-16 No. 278, Baujahr 1882. Sie stand mit zwei Wagen auf einer Brücke. Der Eindruck eines entgegenkommenden Zuges enstand, weil die Straße auf der ehemaligen Bahntrasse angelegt worden war.

Alljährlich veranstaltet die Union Pacific im Herbst eine Dampfextrafahrt. Dies ist auch meist die einzige Gelegenheit, da die Gesellschaft noch Personen befördert.
Die Fahrt führt fast immer von Denver, vorbei an Cheyenne und über den Sherman Hill, nach Laramie/Wyoming. Sie erinnert an die große Zeit der amerikanischen Fernschnellzüge und die erste Transkontinentalbahn, welche hier zur Durchquerung der Rockies ansetzte. Zu dem auf 2440 m ü.M. liegenden Hermosa-Tunnel ist von Osten her ein Höhenunterschied von 564 m mit einer durchschnittlichen Steigung von 12,5‰ zu überwinden.
Das obere Bild zeigt die schon beschriebene No. 8444 an der Spitze eines 12-Wagen-Zuges im Jahre 1978 unweit des Scheiteltunnels auf der etwas längeren, daher weniger steilen und für Bergfahrten bevorzugt verwendeten eingleisigen Strecke. Sie wurde zusätzlich zur doppelgleisigen erstellt. 16 Wagen – über 1000 t – zogen diese Lokomotiven früher alleine, von Omaha/Nebraska kommend, auch noch durch die Rocky Mountains.

Eine Sensation war es, als die U.P. im Jahre 1982 wieder eine Challenger-Lokomotive in Betrieb setzte. Die No. 3985 ist eine (2'C) C2'-Vierzylindermaschine. Mit dem Bau der Serie begann ALCO 1936 und lieferte bis 1944 105 Stück. Der Koloß wiegt mit seinem Tender 485 t und ist für 130 km/h zugelassen. Auf seinem Rost von über 12 m² hätte ein Zimmer mittlerer Größe Platz.
Die Fahrt im Herbst 1983 stand unter keinem guten Stern. Tiefhängende Wolken hüllten den Paß ein. Ein steifer Ostwind trieb Rauch und Dampf in eine unerwünschte Richtung. Um das Maß voll zu machen, trat gleich zu Beginn ein Schaden am Gestänge der Schlammhähne der vorderen Zylinder auf.
Das untere Bild ist bei der Anfahrt nach einem der drei Fotohalte auf der Ostseite des Sherman Hill aufgenommen.

Rechts: Vor Silverton, im engen, felsigen Tal des oberen Animas, begegnet uns die K-28-Mikado No. 473. Sie zieht einen bis auf den letzten Platz gefüllten 11-Wagen-Zug. Während der Hochsaison sind die Züge oft auf Tage hinaus ausgebucht. Sie führen zwei bis drei Aussichts- und am Schluß einen Salonwagen mit Veranda. Damals im August 1978 trugen die Tender noch die Insignien «Rio Grande», und das meiste Personal kam von der großen Eisenbahngesellschaft, sozusagen auf Feriendienst, nach Durango.

Doppelseite 46/47
Die Zufahrt zum Cumbres Pass von Osten her führt durch hügeliges Gelände und die Toltec-Schlucht. Viele 180-Grad-Schleifen, wie die hier beim Meilenstein 305, bringen Abwechslung in die Fahrt. Der endlos scheinende, von der No. 483 gezogene Zug besteht aus ehemaligen «box cars», gedeckten Güterwagen, die zu Personenwagen umgebaut worden sind. Als der Touristenbetrieb 1970, unmittelbar nach der Einstellung des Güterverkehrs, aufgenommen wurde, mußte der Mangel an Personenwagen so behoben werden. Diese Minderung des Komforts tut der guten Laune der Fahrgäste keinen Abbruch.

473

C & T S 300
202

Vulkane, Pyramiden und Gebirgsbahnen

«Mexicano», die Kurzform für die englische Gesellschaft, welche die erste Bahnverbindung von der Hauptstadt zum Hafen Veracruz erstellte und bis zur Verstaatlichung betrieb, ist noch immer ein Begriff im Eisenbahnwesen Mexikos. Er wird heute vor allem für die 1873 eröffnete Steilrampe gebraucht, welche vom Rande des tropischen Tieflandes nach Orizaba und von dort, 1200 Meter überwindend, auf das zentrale Plateau hinaufführt. Auf diese spektakuläre Strecke wurde ich durch einen Zufall aufmerksam. Mich lockten das weltberühmte Anthropologische Museum in Mexico City, Teotihuácan und eine Besteigung des Popocatépetl und weniger Mexikos 1978 schon voll mit Diesellokomotiven betriebene Bahnen. Aber ich kann das Bahnfotografieren nicht lassen, Diesellokomotiven hin oder her. Mexiko ist ein gebirgiges Land. Irgendwo mußte es eine interessante Strecke geben. Was auf der Landkarte erfolgverheißend ausgesehen hatte, war in Praxis unzugänglich; dicht verwachsen, kaum befahren. Nach dem Abendessen in Guadalajara besuchte ich noch den Bahnhof. Vor dem modernen Empfangsgebäude stand, wie häufig in Mexiko, ein Lokomotivdenkmal. Die kleine B1'-Tenderlokomotive erinnerte an das einst 1700 km messende Schmalspurnetz des Landes. Der Superintendente saß noch in seinem Büro. Schnell war ihm klar, worauf meine Fragen über die Strecke zur Küste zielten. Fahren sie zur «Mexicano», riet er mir.

Einige Tage später stand ich bei Sonnenaufgang vor dem ehemaligen Heizhaus von Esperanza, dem Endpunkt der Bergstrecke auf 2452 m ü. M. Einige schwache Diesel tuckerten vor sich hin. Kein Mensch war zu finden. Schon meinte ich, erneut eine Enttäuschung hinnehmen zu müssen. Aber wenige Kilometer jenseits der Station waren alle Zweifel beseitigt: ich stand am Rande eines großen, steil abfallenden Talkessels. Nicht allzuweit entfernt leuchtete der weiße Gipfel des Orizaba. An vielen Stellen bis weit hinunter war die Strecke zu sehen, wie sie sich den Hängen entlang-

Popocatépetl (5452 m) und Ixtaccíhuatl (5286 m) überragen die Hochebene, in welcher Mexico City liegt, um rund 3000 Meter. Noch in der ersten Hälfte der siebziger Jahre konnte man mit einer der letzten Schmalspurbahnen Mexikos nach Amecameca am Fuße dieser beiden Vulkane und weiter über Cuautla bis Puebla fahren. Die verrosteten Gleise der 3-Fuß-Strecke, auf welcher zuletzt vor allem 1'D-Maschinen von Baldwin fuhren, waren bei meinem Besuch zu Ende des Jahres 1978 noch an vielen Stellen zu sehen. Für ein Bild dieser Bahn mit einem der Vulkane im Hintergrund war ich zu spät gekommen.

Dagegen stand einer Besteigung des Popocatépetl nichts im Wege. Mit dem Auto fuhr ich abends zum Berghotel auf 3800 m. Der Blick auf das Lichtermeer der 9-Millionen-Stadt ließ mich die Mühen des wahrhaft erdrückenden Großstadtverkehrs rasch vergessen. Um 6 Uhr, im ersten Morgengrauen, machte ich mich auf den Weg, um über die Tres Cruces genannte Normalroute den Gipfel zu erreichen. Fußspuren waren auf dem reifbedeckten Boden zu sehen. Eine Gruppe befand sich offenbar vor mir. Das spornte an und vertrieb das Gefühl totaler Einsamkeit, welches einen an einem großen, unbekannten Berg mitunter beschleicht. Die steilen Aschehänge ließen sich über Lavarippen und Eisrinnen umgehen. Ein von oben kommender Wind trieb mir Schwefelgeruch und Sand entgegen. 11 Leute, kleine schwarze Punkte auf dem großen Hang, strebten wie ich dem Kraterrand zu. Nach vier Stunden anstrengenden Steigens stand ich am tiefsten Punkt des Kraterrandes und konnte einen Blick in des Teufels Küche tun. Schweflige Dämpfe stiegen an vielen Stellen empor. Die großen Schwefelablagerungen leuchteten giftgelb.

Das Bild auf dieser Seite zeigt den kleinen, einem Bombentrichter gleichenden Krater am Grund dieser Arena. Der Kraterrand steigt steil zum Gipfel empor, auf welchem mit dem Fernglas eine rote Biwakschachtel zu erkennen war. Aufziehende Cumuluswolken, welche um die Mittagszeit fast regelmäßig den Gipfel einhüllen, mahnten zum Weitergehen. Schneller als erwartet hatte ich die letzten 300 Höhenmeter geschafft. In der Runde grüßten andere, über einem Wolkenmeer liegende Vulkanberge, allen voran der Orizaba, Mexikos höchster Berg.

Am späten Nachmittag war ich wieder im Tal. Die Wolken hatten den Blick zum Gipfel erneut freigegeben. Die auf freiem Feld stehende, kleine Kirche bot sich wie gerufen als Vordergrund für ein Bild des Popocatépetl an (links). Die Aufstiegsroute verläuft etwa vom linken Bildrand gerade ansteigend zum Gipfel.

Oben und rechts: «Ort der Götter» nannten die Azteken die gigantischen Bauwerke von Teotihuacan. Wir wissen wenig über das Volk, welches hier ungefähr zwischen 150 und 700 nach Christus lebte. Die beiden Pyramiden, die Sonnen- und die oben gezeigte Mondpyramide, sind die größten künstlichen Erdbauten Amerikas; die Ausgrabungsstätte ist die bestrestaurierte Mexikos. Auf der obersten Plattform jeder Pyramide stand noch ein Tempel. Am anderen Ende der das Zeremonialzentrum durchschneidenden Straße der Toten liegt der Tempel des Quetzalcóatl. Dieses aztekische Wort bezeichnet eine meist als gefiederte Schlange dargestellte Gottheit der mittelamerikanischen Völker. Zu beiden Seiten einer Treppe in diesem Tempel sind Wasserspeier wie der hier abgebildete angeordnet.
Was wir heute hier sehen können, war einst intensiv farbig: die Steinbauten trugen auf einer Stuckunterlage eine Bemalung.

◁ Die von der Küste kommenden Züge fahren bei der Puente Metlac, vor der Stadt Orizaba und noch 1000 m unterhalb der Paßhöhe, durch eine üppige Tropenlandschaft. Um das tief in ebenes Land eingeschnittene Tal zu queren, führten die sparsamen Bahnbauer die Trasse in dieses hinunter. Die neue Straße schwingt sich dagegen auf einem gigantischen Viadukt in luftiger Höhe über das Tal. Wofür der hier gezeigte Lokalpersonenzug von Orizaba nach Veracruz mindestens fünf Minuten braucht, benötigt ein Auto nur einige Sekunden.

Rechts: Mit zwei sechsachsigen 3000-PS-Diesellokomotiven als Vorspann zu seinen beiden Streckenlokomotiven donnert, um fünf Stunden verspätet, der «Meridano» – Mérida–Ciudad de México – durch die Station Alta Luz dem Ziel seiner 36stündigen Fahrt entgegen. Hinter den Lokomotiven folgen zuerst viele Wagen Expreßfracht und dann die Fernzugskomposition. Im Hintergrund steht der Pico Orizaba (5700 m). Nur wenn dieser Zug die «richtige Verspätung» hat, gelingt diese Aufnahme: vor 7 Uhr fehlt das Sonnenlicht, und ab etwa 10 Uhr versteckt sich der Berg hinter Wolken. Links sieht man einen Wassertank aus der Zeit des Dampfbetriebes auf dieser 40‰-Rampe. Vereinzelt stehen entlang der Strecke auch noch Fahrleitungsmasten, welche an den elektrischen Betrieb erinnern.

schlängelte. Viadukte gab es, wie sich später zeigte, keine, und nur kurze Tunnel – 16 an der Zahl.

Wieder schien Unzugänglichkeit das Problem zu werden. Ich fuhr weiter und stieß bald auf einen Wegweiser nach Maltrata. Dieser Name war mir inzwischen geläufig. Ich hatte bei einem Beamten der Bahndirektion Fotos von Fairlie-Lokomotiven vor dem Heizhaus Maltrata und auf der Puente Metlac gesehen. Das Stationsgebäude, ein Rohziegelbau mit amerikanischem Semaphorsignal, war verlassen. In einem der umliegenden Häuser konnte ich den Stationsvorstand aufstöbern – ein kleines, älteres, wortkarges Männchen. Das Zugsangebot bei Tageslicht war mager: höchstens drei Reise- und fünf Güterzüge.

Bevor der nächste Güterzug talwärts kam, konnte ich noch etwas Umschau halten. Eine Unterstation zur Speisung der Fahrleitung war noch ziemlich intakt. 1923 wurde die Bergstrecke für Gleichstrombetrieb ausgerüstet. Zwölf $B_0'B_0'B_0'$-Lokomotiven, wahrscheinlich von Baldwin und Westinghouse, halfen zuerst den Dampf- und später, bis 1975, den Diesellokomotiven über die Rampe. Deren neuere Modelle waren schließlich stärker als die schon altersschwachen elektrischen Maschinen, und der elektrische Betrieb wurde aufgegeben. Als Denkmal steht eine der elektrischen Lokomotiven im Zentrum Orizabas.

Ungefähr eine halbe Stunde vor der Durchfahrt in Maltrata tauchte der erwartete Güterzug im 12 Streckenkilometer entfernten, 400 Meter höher gelegenen Alta Luz auf. Vier der großen auch im Vorspanndienst verwendeten Maschinen brachten einen Zug, der die starke Verflechtung der mexikanischen mit den Bahnen des nördlichen Nachbars demonstrierte. Santa Fe, S.P., U.P. und die Kürzel anderer U.S.-Bahnen erschienen häufiger als das Symbol N de M (Nacionales de México).

Erstaunlich viele Reisende fanden sich zu dem um die Mittagsstunde in die Hauptstadt fahrenden Personenzug ein. Um die Strecke kennenzulernen, beschloß ich, bis Alta Luz mitzufahren. Als ich mein Billett kaufen wollte, meinte der Stationsvorstand, ich solle es im Zug lösen oder in Alta Luz. Und überhaupt: niemand werde auf dieser kurzen Strecke ein Billett von mir verlangen. Ich blieb hartnäckig und erhielt es – handgeschrieben, zum Preis von umgerechnet fünf Dollarcents. Stark rauchend schleppten zwei Diesellokomotiven den Zug ziemlich pünktlich in die Station. Ich wurde zur Fahrt auf dem Führerstand eingeladen. Die Besatzung bestand aus drei Mann. Das Dröhnen der Dieselmotoren wurde noch durch allerlei Nebengeräusche übertönt. Vor dem Personenzug hatten die Maschinen leichtes Spiel. Die Grenzbelastung von 700 t war nicht erreicht, und mit 25 km/h ging es bergan; auf konstant 4% Steigung und von einem engen Bogen in den nächsten. Aber vor Güterzügen haben die Lokomotiven hier größte Mühe. Sie werden dann nicht gemeinsam, sondern individuell bedient, um das Schleudern besser unter Kontrolle halten zu können. In Alta Luz wartete schon eine Fahrgelegenheit für die Rückkehr: ein Paar Vorspannlokomotiven. Der Telegraphist morste noch schnell seine Zugsmeldungen und schloß dann die Station für mehrere Stunden. So bequem käme er nicht immer nach Hause oder hierher, meinte der Beamte. Oft müsse er den Fußweg zur Straße und Autostopp benützen. Ähnlich erging es auch mir am folgenden Morgen, als ich vor der Durchfahrt des «Meridano» hier sein wollte.

U.S.

Verkehrswege zwischen zwei Weltmeeren

Vier Bahnstrecken und eine Wasserstraße durchqueren Zentralamerika. Als Verbindung zwischen den beiden Weltmeeren gelangte nur die älteste der Bahnen, die 1855 eröffnete 77 km lange Breitspurstrecke (1524 mm) durch den Isthmus von Panama, während kurzer Zeit zu Bedeutung. Die ab 1867 regulär benutzte Schiffsroute um das Kap Hoorn und die erste nordamerikanische Transkontinentalbahn liefen ihr den Rang ab. Gute Dienste leistete sie dann wieder beim Bau des 1914 eröffneten Panamakanals. Eine der damals eingesetzten Lokomotiven, die Mogul No. 299 von ALCO aus dem Jahre 1906, wurde 1955 zur 100-Jahr-Feier der Panama Railroad in Balboa als Denkmal aufgestellt. Balboa liegt in der Nachbarschaft der Stadt Panama und ist nach dem Entdecker des Pazifischen Ozeans benannt. Bei meinem Besuch im Jahre 1975 besorgten etwa zwanzigjährige General-Electric-Diesellokomotiven den ziemlich regen Reisezugsverkehr.

Die jüngste der vier Bahnverbindungen liegt im benachbarten Costa Rica. Zwei Gesellschaften betrieben die 1911 fertiggestellte, 274 km lange Kapspurstrecke bis zur Verstaatlichung im Jahre 1977. Die Ferrocarril al Pacífico (FE al P) genannte Bahn von San José nach Puntarenas fährt seit rund 60 Jahren elektrisch. Es dürfte vor allem dieser leistungsfähigen Betriebsform zu danken sein, daß die Strecke noch immer ein ansehnliches Verkehrsaufkommen von wenigstens fünf täglichen Zugspaaren hat. In Zentral- und Südamerika zählt die FE al P zu den Pionieren der elektrischen Traktion. Um den zur Zeit der Elektrifizierung noch sehr schwachen Oberbau nicht zu überlasten, rüstete AEG die zweiachsigen Drehgestelle mit mittleren Tragachsen aus.

Ferrocarril de Costa Rica wird die nach Puerto Limón an der Atlantikküste führende Bahn genannt. Sie hat in San José ihren eigenen Bahnhof, welcher mit seinen Ausmaßen gar nicht mehr zum bescheidenen Verkehr unserer Tage paßt. Ihre kleinen Bo'Bo'-Diesellokomotiven, erbaut unter General-Electric-Lizenz von der spanischen Babcock & Wilcox, sind auch in Guatemala und Kolumbien zu sehen. Die Bergstrecke schlängelt sich an den Hängen des Vulkans Irazú stellenweise hoch über dem Tal des Rio Reventazón nach Turrialba, wo der Tieflandabschnitt beginnt. Beide Bahnen haben auf ihren Bahnhöfen in San José Dampflokomotiven zur Erinnerung an vergangene Zeiten aufgestellt.

Die Eisenbahnen Guatemalas sind in 3-Fuß-Spur (914 mm) gebaut. Zusammen mit denen von El Salvador bildeten sie lange eine nordamerikanisch verwaltete Einheit unter dem Namen Ferrocarril Internacional de Centro América. Die Strecke zwischen den Ozeanen ist 439 km lang. Schwierige Rampenstrecken führen von beiden Seiten zu der fast am Scheitelpunkt liegenden Hauptstadt. Ihre Blütezeit hatte die Strecke, als die Bananenplantagen wegen epidemischen Krankheitsbefalls um 1930 vom Osten in den Westen verlegt wurden. Sie dauerte bis zum Verfall des Bananengeschäfts in der

Links: Eine in ihrer Art auf der Welt einzigartige Zahnradbahn dient dem Treidelbetrieb an den Schleusen des Panamakanals. Über die dreistufige Zweiwegschleuse von Gatún gelangen die vom Karibischen Meer kommenden Schiffe aus dem Chagresfluß in den 26 m höher liegenden, künstlich angelegten Gatúnsee. In diesem liegt der größte Teil der 82 km langen Kanalstrecke. Die Schleusen von Pedro Miguel und Miraflores vermitteln den Abstieg zum Pazifik. Durch das Schleusensystem wird auch der Niveauunterschied zwischen den beiden Weltmeeren ausgeglichen, welcher, vor allem infolge unterschiedlicher Gezeiten, bis zu 6 m betragen kann.
Die ersten Treidellokomotiven für Gleichstrombetrieb lieferte General Electric. Die seit 1964 eingesetzten Maschinen fahren mit Wechselstrom aus dem öffentlichen Netz und wurden in Japan gebaut. Es sind unförmige, zweiachsige Gefährte, welche so schwer sein müssen, daß sie von der schräg zur Gleisachse angreifenden, durch Stahltaue zu den Schiffen übertragenen Zugkraft nicht aus den Gleisen gehoben werden. Die Stromversorgung erfolgt, ähnlich wie bei einigen alten Trambahnen, durch unterirdisch verlegte Stromschienen. Je zwei Lokomotiven vorne und je eine hinten an jeder Seite des Schiffes helfen diesem bei der Fahrt durch die Schleusen. Den Niveauunterschied zwischen den Schleusen bewältigen die Treidellokomotiven auf kurzen Steilrampen.
Im Bild die Schleuse Gatún mit Blick vom Kommandohaus zum Chagresfluß. Ein Schiff wartet auf die Einfahrt in die erste Schleuse, die Lokomotiven sind unterwegs, um es ins Schlepp zu nehmen. Die Durchfahrt in Gatún dauert 45 Minuten, das Ausgleichen der Niveaus in den Schleusen etwa 4 Minuten. Zur Zeit der Aufnahme, November 1975, war der Kanal noch unter der Kontrolle der USA.

Oben: Ein Ereignis, welches kein Reisender in lateinamerikanischen Ländern versäumen sollte, ist die Karwochenprozession. In Antigua, seit der Gründung im Jahre 1543 bis zur Zerstörung durch das Erdbeben von 1773 Hauptstadt von Guatemala, gibt es schon während der Fastenzeit farbenprächtige Prozessionen. Diese ziehen stundenlang durch große Teile der wiederaufgebauten Altstadt, in der nur die Ruinen der vielen Klöster und Kirchen an das schreckliche Erdbeben erinnern. Teppiche aus Blumen und buntem Sägemehl schmücken den Weg. Nur die Kreuzträger dürfen über sie gehen. Fast alle Frauen tragen zur Prozession violette Kleider.

Die Puente de Vacas – die Kuhbrücke – ist 225,5 m lang und 70 m hoch (rechts). Sie überspannt eine tiefe Schlucht am Rande der Stadt Guatemala und dient den zum Atlantik und nach San Salvador fahrenden Zügen. Der von mir bestellte Morgenzug ist hier im Licht der ersten Sonnenstrahlen im März 1977 aufgenommen. Er wird von der nach Plänen von Baldwin 1939 bei Krupp in Essen gebauten Mikado No. 168 gezogen.
Der hauptsächliche Zweck war eine vormittägliche Bergfahrt vom 24 km entfernten und 400 m tiefer gelegenen Fiscal. Für die nur unmittelbar nach Sonnenaufgang mögliche Aufnahme auf der Puente de Vacas wäre es bei der Rückkehr zu spät gewesen.
Um das Bild doch zur richtigen Zeit machen zu können, waren in den Stationen vor und hinter der Brücke einige Manöver notwendig.

Einen der Bremser – seine Dienstbezeichnung «Brequero» steht in Messingbuchstaben auf der Korbgeflechtkappe – fotografierte ich, wie er die Klauenkupplungen so in Position rückt, daß sie einwandfrei einklinken (oben).
Die Berechnung der Kosten für diese Extrafahrt erfolgte äußerst kulant. Es wurden nur die Auslagen für das Personal – Führer, Heizer, Zugführer und zwei Bremser – und den Brennstoff verlangt.

Mitte der fünfziger Jahre, und an sie erinnern etwa die ausgedehnten Bahnhofsanlagen in Escuintla: viele lange Stationsgleise, ein Rundheizhaus, zwei Wasserkräne. Ein Dutzend abgestellter Dampflokomotiven rief Bilder von 900 t schweren Zügen in Erinnerung, die von sechs gleichmäßig über die Zugslänge verteilten Maschinen über die 36‰-Rampe nach Palin hinaufgeschleppt wurden. In den acht übereinander liegenden Kehrschleifen müssen solche Züge ein spektakuläres Bild geboten haben. Die stärkeren Mikados fuhren meistens zu viert. Eine vorne, zwei in der Mitte und eine hinten. Anfangs der fünfziger Jahre stießen noch zwei von Kolumbien gekaufte (1'C)C1'-Mallets zu den zahlreichen Moguls, Consolidations und Mikados. Sie dürften sich gut bewährt haben, da sie noch um 1960 in Betrieb standen.

Bis zum Amatitlánsee ist die Steigung im Tal zwischen den dominierenden Vulkanen Agua und Pacaya gering. Dem Krater des noch aktiven Pacaya entströmt oft eine deutlich sichtbare Rauchwolke. Der 3760 m hohe Agua, der seinen Namen wegen der Schlammlawine trägt, die sich einst über seine Hänge wälzte, läßt sich in 4 Stunden besteigen. Von seinem Gipfel schweift der Blick über das Vulkanland, die schachbrettartig angelegte Stadt Antigua und haftet auf der an verschiedenen Stellen gut zu erkennenden Bergstrecke, welche nach dem See zur Hauptstadt ansteigt.

Ferrocarriles de Guatemala (FEGUA) heißt die Bahn seit der Verstaatlichung. Als ich den dreigleisigen Hallen-Kopfbahnhof erstmals besuchte, war alles niet- und nagelfest zugesperrt, denn Aktivität gab es nur noch morgens, wenn die beiden dreimal wöchentlich verkehrenden Mixtos zum Atlantik und Pazifik abgefertigt wurden oder von dort ankamen. Hinter den geschlossenen Toren und den hohen Mauern standen unzählige schrottreife Lokomotiven. Der Mixto nach Süden fuhr nicht mehr nach dem Hafen San José, sondern auf der Weststrecke zur mexikanischen Grenze bei Tecún Umán. Von dort sind es noch 400 km bis zur vierten Zentralamerika durchquerenden Strecke. Es ist die normalspurige, 306 km lange, ehemalige Tehuantepec Nationalbahn, jetzt ein Teil der Mexikanischen Staatsbahn.

Entlang der Weststrecke der FEGUA befinden sich nun Zuckerrohr- statt der Bananenplantagen und die zugehörigen Zuckerfabriken. Auf den Werksbahnen gab es damals noch ein paar gute Stücke zu sehen. Die Fabrik Pantaleón besaß eine der jetzt seltenen Zweizylin-

168

der-Shays des Baujahrs 1910, welche mit dem für Holzfeuerung gebräuchlichen, kugeligen, amerikanischen Funkenfänger ausgerüstet war. Sie soll damals noch betriebsfähig gewesen sein. Die gelben Diesellokomotiven hatte man offensichtlich auf die Fahrgestelle von Dampflokomotiven montiert. In Palo Gordo besorgte eine altersschwache Dreikuppler den Zubringerdienst zur FEGUA.

Von der in den späten zwanziger Jahren gebauten elektrischen Überlandbahn von San Felipe nach Quezaltenango konnte ich nur noch geringe Spuren entdecken. Sie wären mir kaum aufgefallen, hätte ich nicht im Archiv der FEGUA zwei Bilder gesehen, welche Triebwagen mit hölzernen Wagenkästen zeigten. Die von Deutschland gebaute und finanzierte Bahn machte, wahrscheinlich als Folge des Zweiten Weltkrieges, Konkurs. Eine Straße benützt jetzt die Trasse und den Scheiteltunnel.

Das Schicksal einstmals bedeutender, landschaftlich interessanter Bahnen tritt in Zentralamerika besonders deutlich zutage. Geographisch oder durch einen Spurwechsel isolierte Strecken leiden unter geänderten Wirtschaftsbedingungen und der Konkurrenz anderer Verkehrsmittel. Ihre kapitalschwachen Eigentümer, die jeweiligen Staaten, können das Ende bestenfalls hinauszögern.

Unten: Nach der Rückkehr des Extrazuges gab es noch eine Gegenüberstellung von Dampflokomotiven aus drei Epochen vor dem Rundheizhaus von Guatemala City. Neben der 168 steht die Consolidation No. 116. Diesen Typ lieferte Baldwin ab 1920 in großer Zahl. Die neuesten Mikados waren mit 200 t Belastung auf der 36‰-Rampe von Escuintla nach Palin diesen Maschinen um 30% überlegen. Das Alter der No. 34, einer sicher sehr alten 1′D von Baldwin, konnte ich nicht feststellen. Sie ist offensichtlich für die 100-Jahr-Feier der guatemaltekischen Eisenbahnen im Jahre 1978 hergerichtet worden. Im Hintergrund sind zwei der 1952 von General Electric gebauten 1200-PS-Diesellokomotiven der 600er-Serie mit der ungewöhnlichen Achsfolge Co′2′Co′ zu sehen.

Rechts: Der Viadukt über den Rio Grande bei Atenas der FE al P wurde gemäß dem großen, gußeisernen Fabrikschild von Milliken Bros. aus New York City projektiert und 1901 fertiggestellt. Die AEG elektrifizierte die Strecke nach dem in Deutschland gebräuchlichen System (15 kV, 20 Hz) und lieferte zwischen 1927 und 1935 zehn Lokomotiven. Die No. 21, eine 1960 in der bahneigenen Werkstatt umgebaute Originalmaschine, nahm ich im November 1978 auf der Bergfahrt nach San José auf. Vier modernere Lokomotiven lieferten Siemens und Henschel im Jahre 1956.

21

Von Bogotá zum Magdalenastrom

Die Ferrocarriles Nacionales de Colombia (FCN) haben erst im Jahre 1961 mit der Fertigstellung der 672 km langen Strecke im Magdalenatal von Fundación, nahe der Atlantikküste, nach La Dorada ihre heutige zusammenhängende Gestalt gefunden. Das Bestreben, den schiffbaren Magdalenastrom von Bogotá her zu erreichen und so die Verbindung zum Atlantik herzustellen, hat eine lange Geschichte. Über eine 132 km lange, 46‰ steile Strecke von Facatativá, am Rande der Sabana, nach Girardot gelang dies im Jahre 1908. Eine zweite Verbindung, auch von Facatativá, wurde 1934 nach Puerto Salgar, gegenüber von La Dorada, eröffnet. Der souveräne Gliedstaat Cundinamarca ließ die ersten Kilometer der Strecke in Kapspur erstellen, wurde dann aber zur Umstellung auf die landesweit übliche 3-Fuß-Spur gezwungen. Die schmale Spurweite und die in der komplizierten Topographie billig trassierten, kurven- und steigungsreichen Strecken sind die Ursache dafür, daß ein vergleichsweise junges Bahnsystem heute bereits wieder seine Bedeutung eingebüßt hat.

Wer würde sich 25 Stunden lang in einen nur zwei- bis viermal wöchentlich fahrenden Zug setzen, um von Bogotá nach Santa Marta am Atlantik zu gelangen? Oder zwei volle Tage mit der Reise von der Hauptstadt nach Medellín verbringen wollen? Und das ohne Schlaf- oder Liegewagen, obwohl preisgünstige und häufige Flugverbindungen zur Verfügung stehen.

Die Bahn zum Atlantik wurde gebaut, weil die Heck-Schaufelraddampfer, nach alter amerikanischer Tradition die Königinnen der Flußschiffahrt, viel zu langsam waren und weil im Oberlauf des Magdalenastromes durch Versandung immer größere Probleme auftraten. Eine Bergfahrt konnte bis zu drei Wochen dauern. Doch die Bahn hatte kaum richtig ihren Betrieb aufgenommen, da wurde auch sie von der Verkehrsentwicklung

Links: Die Goldschätze der Andenvölker wurden diesen nach der Ankunft der ersten Spanier zum Verhängnis. Gnadenlos zerstörten die Conquistadores, noch dazu im Namen Gottes, aus purer Raffsucht blühende Zivilisationen. Sie nahmen sich nicht einmal die Mühe, hinter viele Geheimnisse der Indianervölker zu kommen, so daß diese mangels einer schriftlichen Überlieferung wahrscheinlich für immer ungelüftet bleiben werden.
Im Goldmuseum von Bogotá wird vor allem die Goldschmiedekunst der Chibcha gezeigt, welche einst das Hochland Kolumbiens besiedelten. Seine Schätze und die vorzügliche Präsentation der Ausstellungsobjekte machen dieses Museum zu einem der sehenswertesten der Welt. Gleich in der Nähe des Eingangs steht als Einstimmung auf das Kommende ein kompletter Kopfputz aus Gold mit oben aufgesetztem, buntem Federbusch. Um diesen in seiner vollen Größe zu zeigen, müßte das nebenstehende Bild fast die doppelte Höhe haben.

Oben: Das Hauptmanometer der Westinghouse-Druckluftbremse der Mikado No. 85 symbolisiert dagegen die von den Europäern mitgebrachte technische Zivilisation.

überholt und, fast wie die Schiffahrt, von der Bildfläche verdrängt. Viele Teile des FCN-Netzes sind derzeit stillgelegt, weil die geringen Einnahmen nicht einmal genug abwerfen, um den Streckenunterhalt zu bestreiten.

Stillgelegt ist auch die Strecke nach Girardot, wohin bei meinem Besuch im Jahre 1975 noch Ausflugszüge von der Hauptstadt verkehrten. An diesem Ort, sagte man mir, sei der gesamte Dampflokomotivpark der FCN zu sehen. Es erwartete mich der größte Lokomotivfriedhof, der mir je unter die Augen gekommen war. In vielen Reihen standen da, teilweise sogar übereinander aufgetürmt, verrostete Lokomotiven und Tender. Viele erst in den späten vierziger Jahren gebaute Maschinen waren dabei. Aber es gab auch noch etliche betriebsfähige Maschinen, aus welchen sich jetzt die Lokomotiven für die Extrazüge rekrutieren. Eine oder zwei derselben fahren täglich im Manöverdienst und mit dem Personalzug von der Stadt zur Werkstätte. Dabei wird eine Brücke über den Magdalenastrom passiert, die so groß ist, daß der Zug auf ihr kaum wahrzunehmen ist.

Eine der großen Mountains, welche zwischen 1944 und 1947 von Baldwin und Porter geliefert wurden, stand damals sogar in der Werkstätte. Sie gelten als die stärksten für 3-Fuß-Spur gebauten Dampflokomotiven und waren so etwas wie die Flaggschiffe der FCN.

Wenigstens eine dieser Mountains steht noch einsatzbereit in Girardot. Es dürfte nur der schlechte Zustand der Gleise sein, welcher ihre Verwendung vor sich rasch steigender Beliebtheit erfreuenden Ausflugszügen bisher verhindert hat. Vielleicht geschieht eines Tages ein weiteres Wunder, wie das der Aufnahme des Touristenzugsbetriebes in der Sabana: die Wiederentdeckung der Reize einer Reise zum Magdalenastrom mit einem Dampfzug, gezogen von der großen Mountain.

Als ich im Oktober 1982 wieder einmal nach Bogotá kam, hatte ich eine Bahnfahrt von der Hauptstadt nach Puerto Salgar am Magdalenastrom auf dem Programm. Mein Erstaunen war nicht gering, als ich am Bahnhof feststellte, daß außerhalb der Ferienzeit nur noch zwei Zugspaare pro Woche zum 975 km entfernten Santa Marta fuhren.
Nach einem Wartetag bestieg ich den sonntäglichen «Expreso del Sol», der pünktlich um 10 Uhr abfuhr. Die No. 952 hatte neben dem Dienst- und Speisewagen noch vier recht komfortable Wagen der Einheitsklasse angehängt. Mehr könnte sie auf der Bergstrecke nicht befördern, und die Besetzung des Zuges verriet auch keine größere Nachfrage.
Das Hochplateau, La Sabana, war schnell durchquert. Nach Facatativá, wo die Strecke nach Girardot abzweigt, gibt es einen kurzen Anstieg zu einem etwa 2800 m hohen Paß, welcher fast immer in Wolken gehüllt ist. Hier beginnt eine nicht enden wollende Talfahrt hinunter auf nur 152 m Seehöhe. Trotz 38‰ Gefälle, welches auch in den zahllosen Bögen von nur 80 m Radius eingehalten wird, sind viele Schleifenentwicklungen notwendig gewesen. Es wurde billig trassiert: vier kleine Tunnel, zwei Stahlbrücken – auf einer von ihnen entstand die gezeigte Aufnahme – und einige Steinbrücken sind die wesentlichen Kunstbauten. Nach ziemlich dichten Eukalyptuswäldern im obersten Streckenteil folgt Weideland, über welchem sich dunkle Felsberge erheben. Hier hat man die schönsten Tief- und Weitblicke in grüne Täler und auf viele Bergketten. Dann beginnt die Temperatur merklich zu steigen, und die Vegetation nimmt tropischen Charakter an. Wir passierten acht Stationen, bevor wir in Bagazal,

106 km von Bogotá entfernt und am Ende der Steilrampe im Tal des Rio Negro gelegen, eintrafen. Wir hatten unterwegs nicht einen Zug gekreuzt. Bagazal war zwar voller Güterwagen, aber ohne eine einzige Lokomotive. Auch mit dem Güterverkehr mußte es schlecht bestellt sein.
Sieben Kilometer weiter, in Viletta, treffen sich Bahn und Straße. Da in absehbarer Zeit kein bergfahrender Güterzug zu erwarten war, verzichtete ich hier nach drei Stunden Fahrt darauf, bis zum Magdalenastrom zu gelangen, und verabschiedete mich von unserem freundlichen Zugsführer. Seine besonders schöne Kappe, wie in Südamerika üblich sein einziges Uniformstück, verleitete mich zu einer Aufnahme.
Auf einen Autobus für die Rückreise mußte ich nur wenige Minuten warten. Der Fahrpreis betrug die Hälfte dessen, was die Bahnfahrt gekostet hatte: ganze zwei Dollar. Erst jetzt konnte ich von der Straße aus, Spielzeugen gleich, einige Güterzüge auf Talfahrt sehen. Je eine Lokomotive mit drei bis vier Wagen folgten sich in etwa 20 Minuten Abstand.

Der vorher erwähnte Bahnhofsbesuch brachte aber auch eine geradezu aufregende Überraschung. Als ich routinemäßig bei den Bahnsteigen Nachschau hielt, sah ich weit draußen etwas Rauch aufsteigen. Eine Dampflokomotive? Tatsächlich: es war die No. 85, eine erst 1947 unter der hohen Fabriknummer 73057 von Baldwin gelieferte Mikado. Sie sah wie neu aus. Führer und Heizer fanden trotzdem noch etwas zu putzen. Es sei geplant, Touristenzüge zu führen, konnte ich von den beiden erfahren. Keine zehn Minuten später saß ich im Büro des Gerente Comercial. Er erklärte mir den geplanten Betrieb. Der erste Zug würde in vier Wochen fahren. Ob man nicht schon vorher etwas mit der Maschine tun könnte? wollte

ich wissen. Unmöglich, bevor der Präsident mit dem ersten Zug gefahren sei! Aber morgen käme ein Fernsehteam, um die No. 85 im Bahnhofsbereich aufzunehmen, rückte der Direktor schließlich heraus. Ich dürfe dabeisein.

Bei solchen Gelegenheiten pflegt meistens etwas danebenzugehen. Um 8 Uhr war ich wieder bei der No. 85. Er hätte keinen Befehl zum Anheizen, sagte der Führer. Diesen hatte ich schnell besorgt. Aber mit einem müden Holzfeuer statt dem von Druckluft angefachten Ölbrenner dauerte die Prozedur Stunden. Da traf die Meldung ein, daß die Fernsehleute gar nicht kämen. Ein hilfsbereiter Betriebsingenieur half, die Genehmigung zum Weitermachen zu erwirken. Das ganze Bahnhofspersonal war auf den Beinen, als wir mit flotten Manövern begannen, während deren ich das Bild mit den modernen Stadtteilen im Hintergrund machte.

Im Zentrum von Bogotá ist ein historisches Stadtviertel unversehrt erhalten geblieben. Kolumbien ist traditionsbewußt. Die Aufnahme zeigt eine Straße in der Nähe der Kathedrale.

Ein Jahr danach, im August 1983, waren die Touristenzüge bereits eine Institution. Die Komposition des «Expreso Tayrona» – 10 Personen- und 1 Dienstwagen – machte jedes Wochenende, von der No. 85 gezogen, gut besetzt die Fahrt nach dem 65 km im Norden der Hauptstadt, am Rande der Sabana gelegenen Städtchen Nemocon. Zug und Lokomotive präsentierten sich den scharenweise herbeiströmenden Städtern in tadellosem Zustand, das Personal in Gala-uniform.

Fünf Minuten vor der Abfahrt ertönt erstmals ein langer Pfiff der melodisch gestimmten Dampfpfeife. Dann folgen zwei Pfiffe unmittelbar vor dem Start; die Reise dauert fast 3 Stunden. In Zipaquirá steigen viele Fahrgäste aus. Sie besuchen die unterirdische Kathedrale in einem stillgelegten Salzbergwerk. In der Gegend lagert genügend Salz, um die ganze Welt während 100 Jahren zu versorgen.

Auf die Minute genau trifft der Zug am Ziel ein. Er scheint eine Renaissance der FCN bewirkt zu haben. Sonntags wird er von einer Blasmusikkapelle empfangen. Der stille Ort und besonders seine zwei Restaurants haben Hochbetrieb. Inzwischen hat der ganze Zug über das Gleisdreieck gewendet. Gegen 15 Uhr sind wieder alle an Bord. Wem der Sinn nach mehr Speis und Trank steht, der stillt seine Bedürfnisse im Restaurant- und Barwagen.

Die Aufnahme wurde auf der Rückfahrt vor der Station La Caro gemacht, mit Blick auf die Berge, in denen die Salzbergwerke liegen.

Züge erklimmen die Teufelsnase: Von der Tropenhitze zum ewigen Eis

Als nach einer bewegten Baugeschichte im Jahre 1908 die 478 Kilometer lange Bahnverbindung vom Hafen Guayaquil zur Hauptstadt Quito fertiggestellt war, wurde durch diese kühne, kapspurige (1067 mm) Andenbahn die bis anhin zweiwöchige Maultierreise auf 40 Stunden Bahnfahrt verkürzt. Der weitere Ausbau eines Eisenbahnnetzes mit dieser Linie als Rückgrat blieb auf dem Papier. Straßentransport und Luftverkehr übernahmen nicht nur die Aufgaben nie gebauter Bahnlinien, sie bewirkten auch fast eine Wiederholung der Umwälzungen zur Zeit der Betriebsaufnahme der Guayaquil & Quito-Bahn (G. & Q.). So besitzt Ecuador in unseren Tagen eine der herrlichsten und abenteuerlichsten Andenstrecken, die aber verkehrsmäßig zu den bedeutungslosesten Eisenbahnen Südamerikas zählt, vor allem seit die Bergstrecke 1982 zufolge von Hochwasserschäden unbefahrbar wurde.

Die erste Gelegenheit, diese Bahn kennenzulernen, bot sich mir im Jahre 1976 im Anschluß an einen längeren Aufenthalt in Peru. Da der erste Besuch oft der eindrücklichste ist, möchte ich ihm den meisten Raum widmen. Zur Vervollständigung und Aktualisierung erwähne ich an geeigneten Stellen Erlebnisse und Beobachtungen aus den Jahren 1978 und 1984.

Für die Vorbereitung des ersten Besuches lagen mir widersprüchliche Berichte vor. Schon 1963 meldeten Besucher heruntergekommene Anlagen und das Vorhandensein von Diesellokomotiven. 1970 führten die Dampfmaschinen noch das Zepter, aber zehn in Spanien unter ALCO-Lizenz gebaute Diesellokomotiven waren gerade eingetroffen. Der neueste Lagebericht des «Continental Railway Journal» machte folgende deprimierende Aussage: «Durán, der westliche Endpunkt der Strecke, ist ein Mekka für diejenigen, welche Freude an großen Mengen abgestellter Dampflokomotiven in verschiedenen Stadien des Verfalls haben.» Um ein aktuelles Bild der Lage zu erhalten, schrieb ich an den Bahnhof Bucay. Überraschend schnell erhielt ich die

Oben: In allen Andenstaaten findet man Beispiele gut erhaltener sakraler Kolonialarchitektur. Von den 57 Kirchen Quitos sind die in der nahezu unversehrten Altstadt gelegenen besonders sehenswert. Sie wurden ab 1535 erbaut. Die goldenen und vergoldeten Altäre der Jesuitenkirche sind reich verziert. Der oben gezeigte Nebenaltar enthält als Altarbild eine geschnitzte Skulptur, welche die Beweinung Christi am Kreuz darstellt.

Links: Vom Tender der G.& Q. No. 17, mit welcher ich im Juli 1978 eine Güterzugsfahrt über den steilen Teil der Bergstrecke von Naranjapata (554 m ü.M.) bis Carolina (ca. 3000 m ü.M.) mitmachte, sieht die vor dem Zug auftauchende Teufelsnase bei Sibambe im oberen Chanchántal wie ein unüberwindliches Hindernis aus. Um die Talstufe an dieser Stelle zu bewältigen, mußten die nordamerikanischen Bahnbauer in die steilen Felswände ausweichen. Ein Teil der Trasse mit der oberen Spitzkehre ist deutlich zu erkennen.

von einem Lokomotivführer geschriebene Antwort, daß Dampfmaschinen noch regelmäßig auf der Bergstrecke führen und er sich über meinen Besuch freuen würde.

Ende Juni 1976 stand ich zu nächtlicher Stunde auf dem Flugplatz von Guayaquil und schwitzte im feuchtwarmen Klima. Noch war es zu früh, um die Fahrt zum Bahnhof Durán am anderen Ufer des Rio Guayas anzutreten. Also vertrieb ich mir die Zeit mit Gedankenspielen über die möglichen Ereignisse und Erlebnisse der folgenden Tage.

Nach der Reaktion des Taxifahrers zu schließen, dem ich als Fahrziel «Estación de ferrocarril Durán» nannte, muß mich der gute Mann als Opfer eines üblen Scherzes oder einer Fehlinformation betrachtet haben. Was sucht denn ein Flugpassagier bei diesem langsamsten aller Verkehrsmittel und erst noch zu dieser frühen Stunde? Rasch ging die Fahrt durch das noch menschenleere Guayaquil, über die neue Brücke und zuletzt durch wenig Vertrauen erweckende Stadtviertel. Bei schwach beleuchteten Lagerhäusern wurde ich abgesetzt. «Estación Durán, Señor!» Was ich zuerst für ein Lagerhaus gehalten hatte, war das große, hölzerne, noch verschlossene Bahnhofsgebäude mit Gleisen zu beiden Seiten. In Anlagen weiter hinten brannte Licht. Was ich dort fand, weckte meine Hoffnung. Ich stand mitten in der Bahnwerkstätte, welche gleichzeitig auch als Depot diente. Drei rotlackierte Mogullokomotiven waren hier. Die No. 7 stand unter Druck und sah wie fabrikneu aus, die No. 14 war in Reparatur, ebenso zwei der schwarzen, nach ihrer Farbe «Negras» oder nach der Achsfolge Consolidations genannten Bergmaschinen. Lokomotiven und alte Werkstatteinrichtungen mit riemengetriebenen, schweren Werkzeugmaschinen boten ein Bild, das eher an die Zeit des Bahnbaues als an die Gegenwart erinnerte. Nach wie vor war keine Menschenseele zu entdecken. Weiter draußen im Gleisfeld des Bahnhofs sah ich die Umrisse abgestellter Lokomotiven. (Bis 1978 hatte sich nichts verändert.

Es wurden noch immer an den bekannten Lokomotiven die bekannten Mängel notdürftig behoben. 1984 fand ich eine moderne Werkstätte vor, für die es aber kaum Arbeit gab.)

Es begann zu dämmern. Das Stationsgebäude war inzwischen zum Leben erwacht. Einige noch schlaftrunkene Eisenbahner ohne Uniform bevölkerten die Büros des Telegraphisten und der Verwaltung. Alte, zerschlissene Lederpolsterstühle und Schreibtische mit Bergen von verstaubt wirkenden Aktenbündeln paßten perfekt zum Aussehen der gerade besuchten Werkstätte. Irgendwie schien die Zeit hier stehengeblieben zu sein. Vom einzigen Zeichen der Modernisierung, den Dieseltriebfahrzeugen, war bis jetzt keine Spur zu entdecken gewesen.

Plötzlich beginnende Aktivität des Telegraphisten an seinem antiken Morseapparat verriet die bevorstehende Ankunft eines Zuges. Wie ich später herausfand, verwendet die G. & Q. auf dem ganzen Netz drei Telegraphenlinien: Costa, Sierra und Quito–Durán. Die Apparate besitzen keine Bänder mehr, auf welche die Telegramme aufgezeichnet werden. Die Telegraphisten hören unterbewußt immer zu und schalten sich in die Übermittlung ein, sobald etwas ihre Station betrifft. Nachdem das mir unverständliche Geknatter verstummt war, begann ich mich mit dem Beamten zu unterhalten. Er berichtete, eine Diesellokomotive sei mit dem lokalen Mixto unterwegs und werde anschließend den Zug von 6.45 Uhr nach Riobamba übernehmen. Zu Ende war der Traum von der No. 7 vor diesem Zug. Sie durfte so knapp nach der Hauptausbesserung noch nicht auf die Strecke gehen. Über die Güterzüge auf der Bergstrecke konnte ich nur erfahren, daß sie täglich um 5 Uhr Bucay verließen. Also würde ich die folgende Nacht dort verbringen. Es gäbe Pensionen, meinte der Telegraphist. Das hieß soviel wie ein Dach über dem Kopf und irgendeine Liegestatt. Für den Augenblick bot sich somit eine Fahrt nach dem 40 km entfernten Milagro an, von wo ich mit dem Güterzug zurückkehren könnte.

Mit etwas Verspätung rumpelten wir bald unter einem grauen Himmel landeinwärts. Im einzigen Waggon erster Klasse hatte ich mir rechtzeitig einen Fensterplatz gesichert. Die Wagen zweiter Klasse waren Güterwagen mit hineingestellten Bänken. Kleine Orte, eine üppige, grüne, tropische Agrarlandschaft und einige Flußläufe zogen am Auge vorüber. Die Hauptstraße verläuft in einiger Entfernung von der Bahn und über-

Oben: Am Anfang der Bergstrecke, auf dem 14 km langen Abschnitt von Bucay (297 m ü.M.) nach Naranjapata, können die Lokomotiven der G.& Q. etwa doppelt soviel Anhängelast als auf der anschließenden bis 55‰ steilen Rampe befördern. Der auf dem Umschlagbild gezeigte Marktfahrerzug hält gerade in der Station Ventura. Dichte Tropenvegetation bedeckt hier das ganze Tal. Von den manchmal das Gleis überdachenden Ästen der Bäume schüttelt der scharfe Auspuff der Lokomotive Blätter und, vor allem morgens, wenn alles noch naß ist, einen mittleren Tropenregen auf die Dachpassagiere. Während diese nachher dichtgedrängt auf nur drei Waggondächern sitzen mußten, haben sie es sich vorerst noch auf den auf Plattformwagen verladenen Kisten bequem gemacht. Vom Zug ist vor lauter Menschen wenig zu sehen.

Unten: Nachdem die No. 17 bei meinem Besuch im Juli 1978 den Marktfahrerzug nach Alausí gebracht hatte, kehrte sie leerfahrend nach Naranjapata zurück, um zwei vollbeladene Güterwagen zu holen. In Huigra, der bedeutendsten Station auf der Bergstrecke, hielt der Lokomotivführer genau vor dem Buffetkiosk an, um sich selbst und der Mannschaft eine Ruhe- und Verpflegungspause zu gewähren.

Rechts: Die Personenwaggons der G.& Q. wurden in der bahneigenen Werkstätte gebaut und sind bis ins letzte Detail getreue Kopien entsprechender nordamerikanischer Vorbilder. In der 2. Klasse reist das einfache Volk mit Sack und Pack, Kindern und Tieren. Die in Naranjito soeben ausgestiegene Mutter, welche ich bei einer Fahrt auf der Küstenstrecke im April 1984 fotografierte, liefert den Beweis.

RIANOS
212

läßt dieser so noch eine gewisse Verkehrsfunktion.

In Milagro machte ich erstmals mit dem Brauch der G. & Q. Bekanntschaft, auf der Hauptstraße mitten durch Ortschaften zu fahren. Fußgänger und allerlei Vehikel machten dem Zug den Platz streitig. Mit Hilfe des Signalhorns versuchte sich der Lokomotivführer den Weg freizumachen. Beim Bahnhof im Zentrum des Ortes war vom Güterzug vorerst nichts zu sehen. Auf dem Stationsbüro erfuhr ich, daß die Kreuzung in die Nachbarstation Naranjito verlegt worden sei und daß eine «Negra», die No. 43, gemeldet sei.

Milagro ist ein Zentrum der Zuckerindustrie. Auf der Werksbahn der Fabrik «Ingenio Valdez» konnte ich bei der Vorbeifahrt nichts Interessantes erspähen. Das verleitete mich zu glauben, ich würde bei den Zuckerfabriken nur meine Zeit versäumen. (1978 war ich dann zur Erntezeit wieder hier und entdeckte die Schätze von Valdez und San Carlos. In Valdez stand eine B-Schlepptendermaschine, von Baldwin 1922 gebaut, noch täglich in Betrieb. Sie beförderte vor allem die Feldküchenwagen. Um einen beladenen Zuckerrohrzug zu ziehen, war sie schon zu altersschwach. In San Carlos erwartete mich eine Flotte rot gestrichener Lokomotiven von Henschel, Orenstein & Koppel und verschiedener kleiner amerikanischer Fabriken. Leider waren sie schon alle außer Betrieb. Aber die freundlichen Leute von der Zuckerfabrik wußten Rat. Während ich im Werksrestaurant zu Gast war, zogen sie einige Lokomotiven aus dem Schuppen und formierten sie zur Parade – leider ohne Dampf.)

Oben: Die Zerstörung der Bergstrecke durch zwei aufeinanderfolgende Hochwasser des Chanchán ließ die Küstenstrecke der G. & Q. von Durán nach Bucay seit Dezember 1982 isoliert und ohne eine einzige Diesellokomotive zurück. Je eine war bis vor kurzem in Huigra und Sibambe regelrecht eingesperrt. Nur langsam kommt die Instandstellung der Strecke voran. Der täglich verkehrende Mixto war daher im April 1984 fest in der Hand einer der schönen, rotlackierten Mogullokomotiven. Wie alle anderen Dampflokomotiven dieser Bahn wurde sie von Baldwin gebaut. Die Werkstätte Durán modernisierte später die um 1940 gelieferten Moguls.
Während des Aufenthaltes in der Station Milagro, welche – mitten im Ort – zugleich die Hauptstraße ist, wird die No. 11 von ihrem Personal aufmerksam gewartet. Dessen perfekt nordamerikanische Berufskleidung erinnert daran, daß der Sitz der Bahngesellschaft bis zur Verstaatlichung in New York war und jedenfalls alle Lokomotivführer aus den USA stammten. Eine Gedenktafel für den ersten einheimischen Führer, M. I. Ramos, befindet sich am Bahnhof von Quito.

Rechts: In Alausí, der kleinen Andenstadt auf 2606 m ü. M., fahren die Züge ebenfalls auf der Hauptstraße. Rechts vor dem deutlich erkennbaren Füllrohr des Wasserkrans liegt das Bahnhofsgebäude, links gegenüber das Hotel Guayaquil, welches mir 1978 als Standquartier diente.
Die talaufwärts wohnenden Marktbesucher benützten normalerweise den Mixto zur Hin- und Rückreise. Als wir mit dem schon vorher erwähnten Güterzug bereits nach der planmäßigen Ankunftszeit des hoffnungslos verspäteten Mixto hier eintrafen, war der Bahnsteig mit buntgekleideten Hochlandindios dicht gesäumt. Um diese Szene im Bild festhalten zu können, mußte ich schnell auf das Führerstandsdach klettern. Kaum war der Zug stehengeblieben, bestiegen die Indios den Tender und jeden für die Mitfahrt nur irgendwie geeignet erscheinenden Platz auf den beiden Güterwagen.
Mehr als zwei bis drei dieser Parforcebergfahrten hielten die Dampfmaschinen kaum ohne Werkstattbesuch aus. Diese Regel bestätigte sich auf der Talfahrt, als wir zwei undichte Kesselrohre und einen gerissenen Stehbolzen entdeckten.

Ohrenbetäubendes Gepfeife kündigte den herannahenden Güterzug an. Nach umständlichen Rangiermanövern, welche ich zum Fotografieren nutzte, kam ich zu meiner ersten Führerstandsfahrt auf der G. & Q., wozu weder eine Genehmigung noch viel Überredungskunst notwendig waren. Diese Erfahrung ließ meine Erwartungen für die Tage auf der Bergstrecke gewaltig ansteigen.

In einem überfüllten Autoferro erreichte ich bei Einbruch der Dunkelheit Bucay. Die letzten paar hundert Meter mußten wir allerdings zu Fuß und auf schlammiger Straße zurücklegen. Die Bahnhofseinfahrt war durch entgleiste Wagen blockiert. (Die kritische Stelle, eine der Einfahrtsweichen, befand sich noch 1984 im gleichen schlechten Zustand. Anstatt sie zu reparieren oder zu ersetzen, wird sie im Schneckentempo und unter ständiger Beobachtung befahren.)

Im letzten Tageslicht erweckte Bucay einen nicht gerade einladenden Eindruck. Mitten in einem verlotterten, grasdurchwachsenen Gleisfeld befindet sich ein riesiges, aus Holz gebautes Heizhaus, ein Symbol der einstigen Bedeutung der Bahn. Alle betriebsfähigen Maschinen waren fort. Um 5 Uhr morgens sollten zwei Züge abfahren: «La Jaula» und ein Güterzug. Nach einer einfachen Reismahlzeit bezog ich Quartier in der «Pension Central» in einem zellenartigen Kämmerchen mit einem Bett, dessen Wäsche schon viele Schläfer gewärmt hatte. Etwas Trost boten mir der Panoramablick auf den Bahnhof von dem vor der Zimmertüre liegenden Balkon und der lächerliche Preis von umgerechnet einem Dollar. Die Weckerglocke und lautes Volksgemurmel unterbrachen vor 5 Uhr meinen Schlaf. Von meinem Ausguck konnte ich die schon reichlich mit Volk gefüllte «Jaula» erspähen. Es fehlte aber die Lokomotive, und das ließ eine Rückfrage geraten erscheinen. Drei Dampfmaschinen und eine Diesellokomotive waren nun wenigstens hier. Da jedoch inzwischen auch die bergseitige Ausfahrt durch entgleiste Wagen blockiert und zudem beschädigt war, schien die Prognose des Stationsbeamten, welche auf fünf

HOTEL
GUAYAQUIL

Die auf diesen beiden und der folgenden Seite gezeigten Aufnahmen entstanden tags zuvor, als ich das Glück hatte, gerade zu einer der seltenen und unregelmäßigen Güterzugsfahrten auf der Flügelstrecke von Sibambe nach Cuenca zurecht zu kommen. Bis zum ersten, 45 km entfernten Scheitelpunkt Tipococha auf 3196 m ü. M. gestatten 30‰ Steigung in den vielen, sehr engen Bögen die Mitnahme von genau zwei beladenen Güterwagen. Die anschließenden 100 km nach Cuenca bieten geringere Traktionsprobleme. Daher wird der Güterzug in Raten und an aufeinanderfolgenden Tagen auf den Paß gebracht.
Die Buchstaben S.C. am Tender der No. 18 stehen für die Endpunkte der seinerzeit selbständig betriebenen, im Jahre 1926 eröffneten Zweigstrecke. Gleich wie die auch in Sibambe beheimatete No. 17 ist diese Lokomotive etwas kleiner als die anderen Consolidations der G. & Q. und ist überdies als einzige mit Innenrahmen ausgeführt.
Vor der Weiterfahrt von Sta. Rosa sorgte der Heizer durch reichliches Öffnen des Ölventils für vollen Kesseldruck und einen fotogenen Rauch. In der folgenden Station verpflegte sich die Mannschaft. Bei der Ankunft hatte die Frau des Stationsbeamten schon alles bereit. Bezahlt wurde mit persönlich ausgestellten Gutscheinen.

Der recht geräumige Führerstand dieser kleinen Lokomotive eignete sich vorzüglich für Führerstandsaufnahmen. Alle Armaturen auf den Dampflokomotiven der G. & Q. sind blitzblank geputzt. Der Führer hat die linke Hand am Regler. Neben ihm erkennt man oben das Hilfs- und unten das Hauptbremsventil sowie die drei Probierhähne für den Wasserstand im Kessel. Vor ihm und etwas verdeckt befindet sich der Hebel zur Umsteuerung und Einstellung der Füllung der Dampfzylinder.

Auf dem Gleisdreieck in Tipococha wurde die Lokomotive gewendet und fuhr leer zu Tal. Die angenehmsten Plätze befinden sich in der mit Stroh gepolsterten, geöffneten Sandkiste vor der Rauchkammertüre, von der wohlige Wärme auf den Rücken strahlt. Damals hatten es sich die drei Bremser dort bequem gemacht. Bei anderen Gelegenheiten benutzte auch ich diesen Panoramasitzplatz (S. 76).

1927
18
18
18

Stunden Verspätung lautete, realistisch.

Gegen 7 Uhr wurden die Consolidations 44 und 51 betriebsbereit gemacht. Das hieß Wasser und Öl fassen und die Triebwerke schmieren. Die Passagiere verharrten während der langen Wartezeit in stoischer Ruhe auf ihren einmal eingenommenen Plätzen. Etwas nach 10 Uhr waren wir, gleichsam zur Belohnung unserer Geduld, in flotter Fahrt unterwegs, dicht gefolgt von der No. 44 mit dem Güterzug. Die Lokomotivführer versuchten, und wie sich bald zeigte mit Erfolg, etwas von der verlorenen Zeit aufzuholen. Mit voll geöffnetem Regler und 60% Zylinderfüllung entfalteten die Lokomotiven einen ohrenbetäubenden Lärm. Die Geschwindigkeit von 20 bis 30 km/h durfte sich auf dieser steilen Strecke durchaus sehen lassen. Zur Erhöhung der Reibung zwischen Rädern und Schienen besitzen die Lokomotiven neben den Sandstreuern eine Schienenwaschanlage. Heißes Wasser aus dem Kessel wird auf die Schienenköpfe gespritzt und beseitigt die sich im Tropenklima schnell bildende, glitschige Schicht aus Feuchtigkeit und zerquetschten Pflanzenresten.

Über einige besonders interessante Teile der Strecke – Naranjapata, Huigra, Sibambe und die Teufelsnase – geben die Bildtexte Auskunft. Je mehr sich die Strecke Sibambe nähert, desto näher am Fluß verläuft sie und wechselt – von Damm zu Damm – häufig von einer auf die andere Seite. Bei dem schon damals ersichtlichen Mangel an Unterhalt an allen Teilen der Bahn mußte es fast zu den umfangreichen Zerstörungen durch das Hochwasser des Chanchán kommen.

Bevor gegen 13 Uhr Alausí erreicht wurde, lernte ich noch eine weitere Sehenswürdigkeit der G.&Q. kennen: die Doppelkehrschleife von Alausí. Hier bestand, ebenso wie bei den Spitzkehren an der Teufelsnase, eine Chance, den Zug zu überholen, indem man das steile Gelände eiligst durchstieg, um so auf gute Positionen für schöne Betriebsbilder zu gelangen. Das wollte ich bei einer der nächsten Fahrten ausprobieren.

Ein anstrengendes Programm erwartete die No. 51 und ihre Mannschaft für den Rest des Tages: ohne Ruhepause zurück nach Sibambe, um die Last der No. 44 zu übernehmen und nach Carolina zu bringen; von dort leerfahrend nach Alausí und mit der «Jaula» weiter nach Bucay. Die No. 44 holte inzwischen zwei weitere Wagen von Naranjapata, mußte aber zum Auftanken damals noch nach Bucay fahren. Sie sollte dann die ganze Fracht nach Riobamba bringen und mit dem dreimal wöchentlich verkehrenden

Gemüsezug noch in der Nacht zu Tal fahren.

Nur noch eine Stunde verspätet trafen wir um 9 Uhr abends in Bucay ein. Ich verkroch mich schleunigst in meiner Pension, denn um 5 Uhr sollte es wieder bergwärts gehen. Der folgende Morgen begann aber statt dessen mit einer bösen Überraschung. Alle betriebsfähigen Bergmaschinen hatten Defekte erlitten. No. 44 stand in Riobamba mit gebrochener Kreuzkopfführung, No. 45 in Alausí mit defekter Luftpumpe, und bei unserer No. 51 hatte man einen verriebenen Kurbelzapfen entdeckt. Wenigstens verkehrte an jenem Tag der Autoferro nach Quito. Ich nahm die Gelegenheit wahr, um die Strecke bis Riobamba kennenzulernen. Der Fahrpreis betrug 2 Dollar, fast das Doppelte des Preises für die 1. Klasse im Mixto und auch doppelt soviel, wie für den halbstündlich fahrenden Autobus

Oben: Die Streckenführung an der Teufelsnase wird auf dem obigen Bild deutlich. Links unten sieht man die beiden Stationsgleise von Sibambe. Die Verbindung zwischen den Spitzkehren liegt nicht erkennbar im steilen Hang. Der von der Consolidation No. 51 gezogene Güterzug setzt seine Fahrt auf der dritten der übereinander liegenden Trassen Richtung Alausí fort. Der hohe Hanganschnitt erinnert an die schwierigen Sprengarbeiten während des Bahnbaus zur Zeit der Jahrhundertwende.
Um Reiseproviant brauchte ich mich auf der G. & Q. nie zu kümmern. Ein ausreichender und jedermann zugänglicher Bananenvorrat war immer zur Hand. Die Bremsräder und Laufstege auf den Wagendächern dienen bei den druckluftgebremsten Zügen nur noch für den unwahrscheinlichen Fall eines Versagens der Druckluftbremse und für Manöver.

auf der Rückfahrt zu bezahlen war. Unsereinem mögen solche Preise für eine Reise von 150 km lächerlich erscheinen, und sie sind es auch, wenn die hohen Kosten des Bahnbetriebes in Rechnung gestellt werden. Für die Ecuadorianos ist das aber viel Geld: 1 Dollar war der Tageslohn eines Landarbeiters und hätte zum Kauf von fünf Kilo Kartoffeln gereicht. Berücksichtigt man auch noch die enorme Konkurrenz durch Lastwagen, welche aber bei der unzureichenden Leistung der Bahn gar nicht mehr wegzudenken sind, so ergibt sich ein düsteres Bild für die G. & Q., das aber letztlich nur das Spiegelbild der verworrenen Wirtschaftslage in Ecuador und anderen Ländern des Subkontinents ist.

Nur dank der Improvisationskunst und Hingabe des Personals bewegte und bewegt sich auf dieser Bahn überhaupt noch etwas. Natürlich steckt hinter diesem Handeln nicht nur Idealismus, sondern auch die Furcht um den Verlust des Arbeitsplatzes.

Nach Bucay zurückgekehrt hielt ich gleich im Heizhaus Nachschau. Die No. 51 war wieder geflickt. Anders konnte man das nicht nennen, denn der Kurbelzapfen war mit Feile und Schmirgelpapier notdürftig geglättet worden. Das mochte wieder für eine bis zwei der schweren Bergfahrten langen. Es fehlte sogar an Schraubenschlüsseln. Ein wackliger Universalschlüssel, der auf den vermurksten Muttern abglitt, wurde mit Sand bestreut, um die Reibung zu erhöhen. Auch bei Nacht werkten die Mechaniker, und da elektrische Handlampen fehlten, benützten sie Ölfackeln.

Ich verbrachte eine weitere Nacht in Bucay, an dessen Unzulänglichkeiten ich mich bereits gewöhnt hatte. Weder Defekte noch Entgleisungen vereitelten die Abfahrt am nächsten Morgen. Aber die G. & Q. konnte noch mit mehr aufwarten. Auf den taunassen Schienen verlor die No. 51 immer wieder den Halt, obwohl der Lokomotivführer alles tat, um das für das angeschlagene Triebwerk so gefährliche Schleudern zu verhindern. Unterwegs begegneten wir der No. 17 aus Sibambe, welche man zur Aushilfe auf die Hauptstrecke geschickt hatte. Mühsam kämpfte sich die No. 51 bergan. Den geplanten Wettlauf bergwärts bei den Spitzkehren gewann ich. Bei den Kehrschleifen hätte ich verloren, wären nicht beide Injektoren ausgefallen, was einen Halt wegen Wassermangels im Kessel erzwang, bis wenigstens einer der Apparate wieder seinen Dienst tat. Diese ungemütliche Lage, verschärft durch einen gelockerten Radreifen und das sich wieder gefährlich erwärmende Kurbellager, veranlaßte den Führer, in Alausí kehrtzumachen. Mit einer Fahrt auf der No. 17, welche nicht viel später hier eintraf, beendete ich diesen Tag und meinen ersten Besuch bei der G. & Q.

Ich glaube nicht zu übertreiben, wenn ich sage, daß mir kaum eine andere Bahn einfällt, deren Personal so ausnahmslos freundlich und hilfsbereit ist und die so viele landschaftliche Reize mit einem Betrieb verbindet, dessen absolute Nutzlosigkeit in nichts der technischen Originalität nachsteht. 1984 bot Bucay auf den ersten Blick das gewohnte Aussehen. Aber die rostigen Schienen im oberen Teil des Bahnhofs werden noch geraume Zeit darauf warten müssen, von den inzwischen rotlackierten «Negras» wieder blankpoliert zu werden. Von den fünf im Heizhaus versammelten Maschinen machten drei noch einen gebrauchsfähigen Eindruck. Zwei, die No. 53 und die No. 58, wurden 1952 von der fusionierten Baldwin-Lima-Hamilton geliefert und gehören ziemlich sicher zu den letzten in den USA gebauten Dampflokomotiven.

Oben: Auf der Reise von Riobamba nach Quito sieht man die beiden höchsten und bekanntesten Vulkane Ecuadors, Chimborazo (6310 m) und Cotopaxi (5897 m), deren Gipfelzonen stark vergletschert sind. Sie locken Bergsteiger aus der ganzen Welt in das Land am Äquator. Die Besteigung des Cotopaxi, der Name bedeutet «Himmelsschlund», hatte ich mir anläßlich eines längeren Aufenthaltes in Quito vorgenommen. Mit dem Auto kann man bis nahe zu der auf 4800 m ü. M. liegenden Hütte fahren. Daher ist sie ein beliebtes Ausflugsziel für die Bewohner der Hauptstadt, welche dick vermummt hierher kommen, um die Gletscher aus der Nähe betrachten zu können. Am Abend waren wir, mein lokaler Partner Fredy und ich, mit den zwei Hüttenwarten in der geräumigen, gut unterhaltenen Unterkunft alleine. Jetzt gaben die Wolken auch den Blick zum Gipfel und auf das beleuchtete Quito frei.
Am Morgen hielten uns dichter Nebel und ein feiner, alles durchdringender Nieselregen bis 6 Uhr in der Hütte fest. Mit wenig Hoffnung, den Gipfel bei so spätem Aufbruch zu erreichen, machten wir uns auf den Weg. Wir hatten Glück: eine dünne, hohe Wolkenschicht dämpfte die Kraft der Sonne, und der Schnee blieb hart.
Vom Gipfel blickt man, wie das Bild zeigt, einerseits in den am Rand mit riesigen Eiszapfen besetzten, in der Mitte durch die von ihm ausgehende Wärme ausgeaperten Krater, andererseits auf viele Vulkane des Zentraltales und, in der Ferne, auf den Chimborazo.

Rechts: Meistens paarweise und auf Sicht hintereinander befuhren die Autoferro genannten Schienenbusse dreimal wöchentlich die Strecke Guayaquil–Quito in 10 Stunden. Ihren Namen verdienen diese Vehikel wahrhaftig. Wie bei vielen anderen südamerikanischen Bahnen sind sie für Schienenbetrieb umgebaute Autobusse. An den steilsten und boshafterweise auch schattigen Abschnitten blieben sie mitunter kläglich stecken. Wenn ein solches Mißgeschick eintrat, mußte das Gleis an der kritischen Stelle von Hand mit Sand bestreut werden.
In Sibambe gab es einen längeren Halt. Dort waren, wie das Bild zeigt, die Indiofrauen vollzählig versammelt, um für das leibliche Wohl der zahlreichen Passagiere der beiden etwas später eintreffenden Mixtos zu sorgen. Aber auch etliche der vornehmeren Fahrgäste der Autoferros verschmähten diese Verpflegungsmöglichkeit nicht.

93
thomas

Reisen über den Wolken im Lande der Inkas

Die Zuverlässigkeit der Postläufer der Inkas, auf Quechua Chasqui genannt, hat der peruanische Landverkehr bis in unsere Tage nicht wieder erreicht. Bahn- und Busfahrten in den Anden sind unberechenbar und abenteuerlich. Das erfahren auch Touristen, welche mit der Schmalspurbahn nach dem von den Spaniern nie gefundenen Machu Picchu gelangen wollen. Erdrutsche, Entgleisungen und betriebsunfähige Lokomotiven sind nicht selten. Wer möglichst sichergehen möchte, setzt auf den Touristenzug. Die Jugend probiert es meistens mit dem Indiozug. Hartgesottene und Dampflokomotivbegeisterte nahmen den Güterzug, solange dieser noch mit Dampf gefahren wurde. Das war in den siebziger Jahren und bei meinem ersten Besuch im April 1972 der Fall. Statt um 5 Uhr morgens ging die Reise nachmittags los, nachdem die einzige betriebsfähige Streckenlokomotive endlich repariert war. Jedoch nicht weit, denn eine Entgleisung in einer der Spitzkehren oberhalb Cuzcos setzte der Fahrt ein Ende. So komme man nicht ans Ziel, meinte Julio Rea, der kleine, stämmige Führer, und beschloß heimzukehren, um es anderntags erneut zu versuchen.

Es war Karfreitag, und als Ersatz für die vorerst verschobene Bahnfahrt konnte ich die Karfreitagsprozession sehen: Militär, Blechmusik, Offiziere, Honoratioren, Frauen, Klerus, Feuerwehr und eine große Menge Volk. Danach ging ich nochmals zum Bahnhof: Mit Abfahrt um 8 Uhr war die 124, eine klapprige, sonst nur im Rangierdienst verwendete Baldwin-Mikado (Baujahr 1926) für einen «Extra» eingeteilt. Mit ihr hatte Julio dann mehr Glück, und in fast 6 Stunden erreichten wir Puente Ruinas. Nach einem Besuch der Inkastadt stand ich dann spätabends am stockdunklen Bahnhof und vertraute auf die versprochene Rückkehr des Zuges aus Chaullay. Julio hielt Wort: ein Pfiff, das Licht des Stirnscheinwerfers, da war er wieder! Es folgte eine gespenstische Nachtfahrt durch das enge Urubambatal, wo sich das Rauschen des Flusses, das Dröhnen des Ölbrenners, das Stampfen der Dampfmaschine und der Widerhall von den Felswänden manchmal zu einem wahren Höllenlärm steigerten. Fast 1700 m Höhendifferenz waren bis El Arco auf Steigungen von maximal 3,8% und mit 80 t Anhängelast zu bewältigen. Dreimal mußte Wasser genommen werden. Gelegentlich fragte der Führer nach der Zeit – eine Uhr hatte er nicht – und stellte Prognosen über die Ankunftszeit. Gegen zwei Uhr morgens standen wir vor dem verschlossenen Tor an der Einfahrt zum Bahnhof von Cuzco. Julios Pfeifkonzert muß die halbe Stadt geweckt haben, bevor es den vermummten Wächter auf die Beine brachte.

Links: Die No. 103 ist eine der drei 1920 von Baldwin für die 3-Fuß-Strecke von Huancayo nach Huancavelica gelieferten Mogullokomotiven. Mit Volldampf ist sie an einem Augusttag des Jahres 1975 im Mantarotal an der Spitze des werktäglichen Mixto nach Huancayo unterwegs. Der Zugsführer und die Bremser fahren am Tender, auf den Wagendächern und in den Personenwagen mit, um die Handbremsen zu bedienen. Zur Verständigung mit dem Lokomotivführer dient die Signalleine, welche über dem Tender deutlich zu erkennen ist. Der auf diesem stehende Eisenbahner hat soeben den auf einem Felskopf sitzenden Fotografen entdeckt und zeigt unter Zurufen an die Mannschaft auf ihn.

Oben: «Gebirgszug» nannte die englische Peruvian Corporation ihre Reisezüge auf der Zentralbahn. Unter diesem Namenszug, den die alten Personenwagen trugen, prangte als Wappen ein Lamakopf. Gleich diesem genügsamen, zähen und geduldigen Trag- und Nutztier der Anden, welches zusammen mit Esel und Maultier in Saumzügen über den Camino Real, den Königspfad, die Schätze der Minen zu Tal brachte, diente seit 1893 die Bahn vor allem dem Erztransport.

Drei Jahre später kam ich wieder nach Peru. Diesmal nicht nur auf einen kurzen Besuch. Von der so gebotenen Möglichkeit, die Bahnen hier eingehend kennenzulernen, machte ich natürlich regen Gebrauch. Ganz oben auf der Liste stand die Zentralbahn, das Meisterwerk des Amerikaners Henry Meiggs, welches das «South American Handbook» zu den Wundern des Kontinents zählt. Als vor 10 Jahren die ersten, damals als enorm stark geltenden 2600-PS-ALCO-Diesellokomotiven mit speziell aufgeladenen Motoren

(Fortsetzung S. 89)

◁ Mit wildem Gebimmel – nach amerikanischer Sitte wird in allen Stationen geläutet – und dem mit einer roten Fahne als Wegbereiter vorauslaufenden Bremser fährt der von einer der beiden Henschel-Mikados gezogene Mixto in Yauli im oberen Huancavelicatal ein. Es war Markttag. Augenblicke später stürmten die vielen Menschen durch Türen und Fenster die bereits dicht besetzten Waggons. Ich stand auf dem Dach des Schienenbusses, welcher, wie auf Seite 92 näher beschrieben, auf Inspektionsfahrt war.

Oben: Auf dieser und den folgenden vier Seiten soll die schon eingangs gezeigte Peruanische Zentralbahn noch etwas eingehender vorgestellt werden.
Im unteren Teil des Rimactales gibt es noch genügend Platz, um mittels Kehrschleifen künstliche Längenentwicklungen zu schaffen. Die bei dieser unterhalb von Matucana gelegenen Stelle gezeigte Lokomotive No. 206 ist nach der hier verwendeten amerikanischen Praxis mit zwei weißen Fähnchen gekennzeichnet, was den Zug unter Zuhilfenahme von Lokomotivnummer und Fahrtrichtung als «Extra 206 Norte» ausweist. Obwohl wir die Strecke ganz für uns alleine hatten, denn sonntags ruht der normale Betrieb, wurden die schriftlichen Fahrbefehle in jeder Station ausgestellt.

Das kleine Bild zeigt die Landschaft im Bereich des Scheitelpunktes der Zentralbahn. Als Bergsteiger konnte ich es natürlich nicht lassen, die Fünftausender der Bergkette, durch welche der Scheiteltunnel führt, zu besteigen. Ziemlich genau über dem Tunnel liegt der Cerro Meiggs (5085 m), benannt nach dem kühnen Erbauer der Strecke. Wir blicken auf die Gegend um Station und Mine Ticlio und auf den höchsten Berg der Region, den 5430 m hohen Racuntay.

Rechts: Der Zug No. 1 Lima-Desamparados–Huancayo überquert die Chaupichacabrücke. Gezogen von einer der ersten auf dieser Strecke seit Mitte der sechziger Jahre in Betrieb stehenden Maschinen von ALCO ist er soeben aus einer Serie von Tunneln aufgetaucht. Tief unter ihm ist im engen Rimactal knapp Platz für Fluß und Straße.

607

Von der Station Ticlio am Nordportal des Galera-Scheiteltunnels zweigt eine über den Anticonapaß, seinerzeit dem Erztransport dienende, schon lange nicht mehr befahrene Strecke ab. Am Paß verkündet eine Tafel, daß sich hier auf 4817 m ü.M. der höchste von einer Bahn erreichte Punkt der Welt befinde. Bolivien macht Peru diesen Rekord einiger Meter wegen streitig, worüber in der Legende zum Bild auf Seite 105 mehr zu finden ist. Die Verlockung war natürlich groß, dort oben einen Zug zu fotografieren. Die Ingenieure der Zentralbahn fanden Gefallen an der Idee. So fuhren wir eines Tages auf ächzendem Gleis und sehr vorsichtig über den Paß und bis zur Spitzkehre Anticona arriba. Die Aufnahme gibt einen Eindruck von der weiten, kargen, von Seen durchsetzten Landschaft, welche sanft gegen Oroya hin abfällt. Interessant ist die Zusammensetzung des Güterzuges. An seiner Spitze befinden sich zwei kombinierte Öl- und Rohmetallwagen. Zu den Minen wird Brennstoff, zurück Metall befördert, womit unwirtschaftliche Leerfahrten vermieden werden. Auf den Plattformwagen dahinter sehen wir Rohkupfer und anschließend zwei Niederbordwagen mit Erzkonzentrat.

Fährt man vom Paß etwas weiter gegen Oroya, so kommt bald die noch aktive Mine Morococha (ca. 4530 m ü.M.) in Sicht. Baracken mit grünen Wellblechdächern, Klärbekken und ein Gewirr von Straßen sind die auffallendsten Merkmale dieser in lebensfeindlicher Umgebung gelegenen Arbeitsstätten. Kein Mensch, auch nicht der Hochlandindio, kann den dauern-

den Aufenthalt auf diesen Höhen ohne gesundheitliche Schäden überstehen. Erzzüge bedienen die Mine auf der im vorhergehenden Bild beschriebenen Strecke von Cut off bei Oroya her.
Reich können die Mineure von der Arbeit hier oben nicht werden. In der verlassenen Mine Ticlio liegen noch zu Hauf Zahltagsabrechnungen herum. Ein kurzer Einblick ergab, daß nach Abzug der Miete und der Kosten für Einkäufe im Laden nur noch ein besseres Taschengeld übrigbleibt.

Zwei vermummte Gestalten, welche sich durch ein Segeltuchschild vor dem eisigen Fahrtwind schützen, rasen mit dem schwerkraftgetriebenen «Explorador» von Ticlio in Richtung Lima talwärts. Die beiden Eisenbahner auf dem Inspektionswägelchen prüfen, einige Minuten vor dem Personenzug fahrend, den einwandfreien Zustand der Strekke, die hier von Felsstürzen und Erdrutschen ganz besonders bedroht ist. Im Falle einer Gefahr würden sie anhalten, zurücklaufen und den Lokomotivführer durch Fahnensignale und ausgelegte Knallkapseln warnen.
Um die Strecke bei Nacht besser zu sehen, besitzen die Maschinen zwei zusätzliche Scheinwerfer, die so gerichtet sind, daß sie Gleisbögen gut ausleuchten. An ehemaligen Unfallstellen befinden sich häufig Kreuze, welche nachts gespenstisch ins Blickfeld der Lokomotivmannschaften kommen.
Im Hintergrund sieht man die Trasse der Linie zum Anticonapaß, einige Abraumhalden der alten Mine Ticlio und den Sattel, aus welchem ich die Landschaftsaufnahme der vorhergehenden Seite machte.

Auf der Peruanischen Zentralbahn gibt es keine Signale. Die Züge werden sozusagen von Station zu Station weitergereicht. Den Gesamtüberblick und die oberste Befehlsgewalt hat der Fahrdienstleiter in Lima-Desamparados, dem prächtigen Bahnhofsgebäude gleich hinter dem Präsidentenpalast. Auf einem Grafikblatt wird der aktuelle Lauf der Züge gemäß telefonischen Meldungen eingetragen. Die Stationsbeamten, wie am obersten Bild derjenige von Galera, auf 4781 m ü.M. gelegen, unangefochten der Welt höchster bemannter Bahnhof, erstellen dann die Fahrbefehle und geben sie den Zugsführern. Diese leiten die Befehle an die Lokomotivführer weiter. Jede so ausgetauschte Nachricht muß vom Empfänger vorgelesen und unterschrieben werden.
Mißverständnisse sind derart weitgehend ausgeschlossen. Sie hätten auf der exponierten Strecke meist verheerende Folgen.

Das mittlere Bild, welches nach dem Zusammenstoß auf der Chaupichacabrücke im Jahre 1909 aufgenommen wurde, läßt sie erahnen. Eine «entlaufene» Lokomotive fuhr in einen auf der Brücke stehenden Kranwagen und brachte diese dabei zum Einsturz. Einige Trümmer liegen noch jetzt im Rimacfluß.

Auf der Schmalspurbahn nach Huancavelica gibt es viele unbesetzte Ausweichstellen. An einer derselben entstand das unterste Bild. Da der Fahrbefehl nur bis hierher gültig war, mußte mit Hilfe des zur Ausrüstung jedes Zuges gehörenden Feldtelefons mit dem Fahrdienstleiter in Huancayo Kontakt aufgenommen werden. Der Zugsführer, erkenntlich am Schild «Conductor» auf der Kappe und an seiner schönen Jacke, telefoniert und notiert genau jedes mitgeteilte Wort. Der vor ihm hockende Bremser geht seinem Chef bei der Arbeit ergebenst zur Hand. Im Hintergrund stehend, beobachtet Lokomotivführer Santos das Geschehen. Mit ihm wiederholt sich anschließend die Vorlese- und Unterschriftszeremonie. Es brauchte etwa 10 Minuten, bevor der Zug die Fahrt fortsetzen konnte.

Rechts: Telleria ist eine der Stationen im Mantarotal, in deren Nachbarschaft ein kleiner Ort liegt. Dieser ist nur mit der Bahn oder auf Saumpfaden erreichbar. Der Güterzug, mit welchem ich im August 1975 mitfuhr, hatte hier etwas Arbeit. Frauen des Dorfes benützten eine Verschubpause, um sich warmes Wasser von der No. 106, einer dunkelgelb gestrichenen Mikado von Baldwin aus dem Jahre 1927, zu holen. Diese kostenlose Dienstleistung wird sicher schmerzlichst vermißt, seit Dampflokomotiven nur noch ausnahmsweise vorbeikommen.

für den Betrieb in großer Höhe eintrafen, war das Ende der Dampfzeit gekommen. Draußen im Depot Guadalupe, in Callao, stand 1975 die letzte, angeblich noch betriebsfähige, 1937 gebaute Andes-Lokomotive No. 206. Ein Besuch lieferte die Bestätigung, und mein Entschluß war gefaßt: Dampfextrafahrt auf der Bergstrecke.

Mit verschiedenen Ingenieuren hatte ich inzwischen schon guten Kontakt. Sie schüttelten über mein Vorhaben zwar etwas den Kopf, sprachen von Problemen, aber taxierten die Sache nicht als unmöglich. Also besuchte ich eines Tages den Gerente General, trug mein Anliegen vor und ließ nach bewährter Praxis die vorgezeigten Bilder ihre Wirkung tun. Die prinzipielle Zustimmung wurde erteilt. Doch bekanntlich liegen die Probleme im Detail und bei den Finanzen. Revision, Kesseldruckprobe und Probefahrt wurden vereinbart. Aber wie sollte man einen ganzen Tag lang mit einem kleinen Tender voll Wasser und Öl auskommen? Die Zapfstellen entlang der Strecke waren unbrauchbar. Um wie geplant die 2600 Höhenmeter bis Rio Blanco zu überwinden, müßte man mehrmals nachtanken. Vorerst schien auch dieses vor allem durch Zeit und Kosten bestimmte, beschränkte Ziel unerreichbar. Also schlug ich Dieselvorspann vor. Und wie soll das, wenn Sie fotografieren wollen, funktionieren? lautete die Frage. Einfach: Anhalten, Diesel abhängen und fortfahren, mit dem Dampfzug nachfahren, wieder kuppeln und weiterfahren. Das hört sich gut an, solange man nicht daran denkt, daß das ganze Manöver x-mal auf gut 4% Steigung auszuführen ist. Es kostete viel Überredungskunst, bis dieser schwere Brocken geschluckt war. Der Vertrag konnte unterschrieben werden.

Die Arbeiten an der 206 verliefen programmgemäß. Aber der Winter in der Sierra war inzwischen bedenklich nahe gekommen, das Risiko starker Bewölkung erheblich gewachsen. Endlich am 9. November sollte es soweit sein. In einen Güterzug eingereiht, wurden die 206 und alte Personenwagen am Vorabend nach Chosica geschleppt.

Dicker, schwarzer Rauch über Chosica kündigte schon vor der Dämmerung das bevorstehende Ereignis an. Im Depot herrschte rund um die Lokomotive rege Betriebsamkeit. Sie war in ziemlich dichte Dampfschwaden gehüllt. Allerlei schien nicht allzu dicht zu sein, was kein gutes Omen war. Ein Blick auf den Wasserstandsanzeiger ließ Unruhe aufkommen. Nichts zu sehen! War er verstopft? Nein! Irgendwo mußte ein Leck sein.

Wir hatten es bald gefunden: Das Reglerventil war in offener Stellung verklemmt. Bei neutral gestellter Steuerung entwich aller Dampf ins Freie.

Die freundlichen Leute vom Depot Chosica versprachen, den Schaden zu beheben. Eine Woche später klappte es dann. Bis wir oberhalb von San Bartolomé die erste Anfahrt probierten. Haltloses Rädergleiten, defekter Sander, die Maschine in Dampf gehüllt. Der Versuch, die Diesellokomotive «fliegend» abzuhängen brachte nicht das gewünschte Resultat. Beim Beschleunigen stieß sie eine mächtige Rauchwolke aus, welche lange und unpassend über der Strecke verharrte. Wollte ich nicht riskieren, nach halber Strecke ohne Wasser und Öl dazustehen, mußte ich den Plan, alle Aufnahmen mit fahrendem Zug zu machen, aufgeben. Es ging auch so. Der Heizer war ein Meister in der Handhabung des Ölventils. Bei einem Bach füllten wir improvisiert Wasser nach. Nur eine halbe Stunde Mittagsrast gönnte sich die Mannschaft. Es war bereits stockdunkel, als wir mit leerem Tender, aber allseits zufriedenen Gesichtern wieder in Chosica ankamen.

101

No 104

◁ In einem grob gewebten, bunten Tuch befördert der Indio Reisegepäck. Dieser «bulto» gehört ebenso zu ihm wie der Hut, welcher für Frauen je nach Gegend verschieden ist. Drei Arten fallen auf dem Bild auf: weiß mit großer Krempe, dunkler Filz und weiß mit schwarzem Band und kleiner Krempe.
Hier in Mejorada, wo die seinerzeit nach Cuzco projektierte Bahnlinie das Mantarotal verläßt, um in das Huancavelicatal einzubiegen, sehen wir die Kreuzung des zur Rückkehr bereiten Güterzuges hinter der schon altersschwachen No. 101 mit dem von der Henschel-Mikado aus dem Jahre 1951 geführten, dreimal wöchentlich verkehrenden Schnellzug. Natürlich wird mit der auf Hochglanz geputzten Glocke heftig geläutet. Am Tender der No. 101 liegt hinter dem Öltank die noch zusammengerollte Signalleine, welche vor der Abfahrt über die Wagendächer ausgelegt wird. Da alle acht Lokomotiven ölgefeuert waren, kam die Landbevölkerung nicht, wie sonst gebräuchlich, in den Genuß von Gratiskohle.

Oben: Wenn ich einmal auf Inspektionsfahrt mitkommen möchte, solle ich ihn einfach anrufen, sagte der Verwalter der Huancayo–Huancavelica-Bahn bei meinem Besuch im August 1975 zu mir. Vier Wochen später wurde zu meiner Überraschung diese Reise mit dem alten Autovagon, Baujahr 1935, unternommen und als Familien- und Betriebsausflug organisiert. Zwei unterwegs mit Angelzeug abgesetzte Männer nahmen wir auf der Rückfahrt mit reichem Fang bepackt wieder auf. Somit war auch schon für einen kulinarischen Abschluß des Tages im Hause des Verwalters gesorgt. Die hier gezeigte Aufnahme entstand bei den Tunneln zwischen Huancavelica und Yauli, einer schwer zugänglichen Stelle, an welcher für mich öfters Fotohalte eingelegt wurden.

Oben rechts: Die 1872 von Henry Meiggs erbaute, von Chimbote am Pazifik ausgehende Strecke, welche in das wildromantische Santatal führt, war, wie so viele Bahnen in Peru, weiter geplant, als sie je gelangte: nach Huaraz anstatt dem nur 140 km entfernten Huallanca. Dort beginnt eine steile Rampenstrecke, welche offenkundig als Zahnradbahn geplant war. So sollte die Patoschlucht überwunden und das Hochtal erreicht werden. Das verheerende Erdbeben zu Beginn der siebziger Jahre, welches entlang der Strecke einige schwere Felsstürze auslöste, bot der damaligen Eigentümerin, der Santa Corporation, eine willkommene Gelegenheit, den verlustbringenden Bahnbetrieb einzustellen. Mit einfachsten Mitteln wurde die Bahntrasse in eine Straße verwandelt.
Auf Brücken legte man zum Beispiel einige Bretter statt der Schienen auf die Schwellen. Das obere Bild gibt einen guten Eindruck von der Enge des Tals, den Problemen des Baus eines Verkehrsweges und der Felssturzgefahr.

Unten sehen wir einen der Autobusse eines Unternehmens aus Huaraz, welche jetzt, wie seinerzeit geplant, im durchgehenden Dienst die Route befahren. Die gezeigte Aufnahme entstand im Juli 1975 vor dem ehemaligen Endpunkt der Bahn, an einer Stelle wo die Straße aus dem Tal herausgeführt wird. Über ihre Qualität sagen die Bilder mehr aus als viele Worte.

Seiten 94 bis 97

Das Gegenstück zur Peruanischen Zentralbahn mit der anschließenden Schmalspurstrecke nach Huancavelica bildet die Peruanische Südbahn. Vom alten Hafen Mollendo und vom später gebauten Matarani führt sie über Arequipa nach Juliaca und Puno am Titicacasee und weiter nach Cuzco. Dort beginnt die durch den Touristenverkehr nach Machu Picchu zu weltweiter Bekanntheit gelangte 3-Fuß-Schmalspurbahn. Sie sollte durch das Urubambatal bis in die Urwaldgebiete am Westfuß der Anden führen, endete aber bis 1967 im kleinen Ort Sta. Teresa unterhalb von Machu Picchu. Weitere 11 Jahre befand sich der Endpunkt in Chaullay. Mit den 1978 wiedereröffneten 21,4 km nach Quillabamba mißt die Strecke jetzt 171 km, und das bei Baubeginn gesteckte Ziel, die Versorgung des Hochlandes mit Agrarprodukten aus dem Urubambatal, ist erreicht.
Das Bild auf der folgenden Doppelseite zeigt den Güterzug von Cuzco nach Chaullay rückwärts zu Tal fahrend zwischen den beiden Spitzkehren, mit welchen eine flußabwärts der Inkaruinen gelegene Talstufe überwunden wird. Die No. 121 ist baugleich mit den beiden Henschellokomotiven der Strecke nach Huancavelica und wurde 1950 an die Lima–Lurin-Bahn geliefert. Bei meinem Besuch im August 1978 war sie nur noch gelegentlich im Streckendienst eingesetzt. Um mit dem Güterzug und auf der Lokomotive mitfahren zu dürfen, muß man sich am Vortag eine Genehmigung besorgen. Der Fahrpreis für dieses Vergnügen schwankte bei

EMP. HUARAZ S.A
"SIEMPRE CON DIOS"
VIVIRAS EN
UE-1135
MI RECUERDO

meinen verschiedenen Fahrten zwischen dem doppelten Tarif für die erste Klasse und einer Freifahrt. Jedenfalls ist ein totaler Verzicht auf Haftungsansprüche gegen die Bahn zu unterschreiben, was nicht erstaunt, wenn man die Betriebsbedingungen des Güterzuges kennt.

Das nebenstehende Bild ist von den Ruinen von Machu Picchu in das Urubambatal aufwärts blickend aufgenommen. Links unten erkennt man den Bahnhof Puente Ruinas, in welchem der Touristenzug zur Rückfahrt bereit steht. Hier befindet man sich schon im Einflußbereich des Tropenklimas. Nur die fast senkrechten, geschlossenen Felswände können sich einem nennenswerten Bewuchs entziehen.
Machu Picchu ist bis heute nur mit der Bahn oder zu Fuß über den Inkapfad erreichbar geblieben. Die Aufnahme veranschaulicht, warum sich die Inkas hier dem Zugriff der Spanier entziehen konnten und es bis zum Jahre 1911 dauerte, bevor die Ruinen entdeckt wurden.

Arequipa, auch die weiße Stadt genannt, bietet ein schönes Beispiel vollständig erhaltener spanischer Kolonialarchitektur. Die Stadt liegt am Fuße der beiden erloschenen Vulkane El Misti und Chachani. Letzterer ist über 6000 m hoch und sein Gipfel von ewigem Eis bedeckt.
Unmittelbar vor einem losbrechenden Gewitter gelang die Aufnahme des Südbahnzuges aus Puno bei der Einfahrt in Arequipa und mit Blick auf den Chachani. Damals, im September 1982, war bereits die neueste und bislang stärkste jemals in Peru eingesetzte Diesellokomotivbauart, das über 3000 PS starke Modell aus Montreal, hier im Dienst zu finden.

Auf Meterspurgleisen durch den Kontinent: Von den Anden zum Rio de la Plata

Die meterspurigen Fernverbindungen und Gebirgsbahnen, welche transkontinentale Bahnreisen ermöglichen, entstanden erst zu Beginn unseres Jahrhunderts. Die erste argentinische Bahn dieser Spurweite, von Córdoba nach Tucumán, wurde 1908 bis zur bolivischen Grenze bei La Quiaca verlängert. Zu jener Zeit kam auch der bolivische Teil der Strecke Antofagasta–Uyuni–La Paz in Betrieb. Von dieser nachmaligen Hauptstrecke der F.C. Antofagasta–Bolivia ausgehend, entstanden in den folgenden Jahren Erweiterungen des Bahnnetzes: von Oruro nach Cochabamba, von Uyuni nach Rio Mulatos und weiter nach Potosí beziehungsweise zur argentinischen Grenze bei Villazón. Als Kompensation für die Bolivien im Salpeterkrieg verlorengegangene Atacamawüste – und damit auch des Zugangs zum Pazifik – erstellte Chile 1913 die 439 km lange Bahn von Arica nach La Paz. Über die Rumpfstrecken zum Titicacasee und in das Tiefland von Yungas sowie die jüngste Andenbahn von Salta nach Socompa und Antofagasta geben die Bildlegenden Auskunft. Die 1910 eröffnete Transandinobahn wird im folgenden Kapitel näher vorgestellt.

Jahrzehntelang besaßen in der Folge die Bahnen hier ein Transportmonopol, aus welchem sie aber nie gebührenden Nutzen zu ziehen vermochten. Die Gründe waren vor allem politischer und wirtschaftlicher Art: Der Handel zwischen den Nachbarstaaten kam nie richtig in Gang. Große politische Instabilität kennzeichnet vor allem die jüngere Geschichte Boliviens: Die Schließung der Grenzen und die Einschränkung der gegenseitigen Beziehungen waren oft die Folge politischer Erschütterungen. Der Niedergang der Salpetergewinnung und der Verfall der Rohstoffpreise beraubten viele Bahnen ihrer Lebensgrundlage. Das eindrücklichste Beispiel hierfür ist die Strecke von Salta nach Antofagasta, welche für den Lebensmitteltransport zu den Bergbaugebieten in der Wüste gedacht war. Die Konkurrenz durch Flugverkehr und Straßentransporte wirkte sich so besonders stark aus.

Links: Vom Rande des Hochplateaus bei El Alto genießt man einen einzigartigen Blick auf die in einer riesigen, natürlichen Arena liegende Stadt La Paz und Teile der die Kulisse bildenden Cordillera Real. Die beherrschende Berggestalt ist das mehrgipflige Massiv des Illimani (6402 m), welches das Auge des Besuchers gefangen hält, wie immer er auch in diese Stadt kommt: mit Bahn, Auto oder Flugzeug. Der Bahnhof befindet sich in der Oberstadt. Auf der ungefähr 35 Minuten dauernden Bergfahrt nach El Alto sind 400 m zu überwinden. Vor der Abfahrt eines Zuges wird dreimal in Abständen geläutet und gepfiffen. Von hier oben folgt der Blick dem einer kleinen roten Schlange gleichenden Zug, der sich zuerst scheinbar in die falsche Richtung talauswärts bewegt und hernach eine Doppelschleife oberhalb des Bahnhofs befährt. Durch lichten Eukalyptuswald gelangt er zur Kehre tief hinten im Talgrund. Auf dem Streckenteil der von dort in kurvenreicher Linienführung zum Plateaurand aufsteigt, machte ich im Juli 1983 die Aufnahme des täglich in 20 Stunden nach Villazón, an der Grenze zu Argentinien, fahrenden Expreßzuges. Die aus neun vierachsigen Wagen bestehende Komposition wird von der DE 1022, einer Bo'Bo'Bo' von Hitachi, gezogen.
Diese dieselelektrischen Lokomotiven trifft man jetzt vor allen Fernzügen an. Rund zwanzig Jahre sind es her, seit die mächtigen, 1954 von Vulcan Foundry (England) gebauten Mountains hier Dienst taten. Sie waren der Stolz der privaten Antofagasta–Bolivia-Bahn (F.C.A.B.), welche bis 1962 den Großteil des bolivischen Bahnnetzes besaß.

Oben: Der Bahnhof Retiro in Buenos Aires ist Ausgangs- oder Endpunkt der durch den Kontinent führenden meterspurigen Bahnverbindungen, welche in Argentinien unter dem Namen F.C. General Belgrano betrieben werden. Der Bahnhofskomplex dient auch zwei Breitspursystemen. In der Halle der F.C. General Mitre entdeckte ich das oben gezeigte Prachtexemplar einer Perronuhr.

Auf der Strecke Arica–La Paz befindet sich im chilenischen Teil zwischen Central (1481 m) und Puquios (3728 m) ein 42 km langer Zahnradabschnitt. Seit 1967 fahren statt der Esslinger Zahnradlokomotiven Dieselmaschinen von General Electric im Adhäsionsbetrieb, die zu zweit 300 t schwere Züge befördern. Der Betriebschef, Carlos Ipinza, gestattete mir im April 1978 die Mitfahrt in einem Güterzug. Nach einer Kehrschleife am Rande der Quebrada Honda riskierte der Führer einen Fotohalt. Das enorme Qualmen der Dieselmotoren verrät die Probleme einer Anfahrt auf 6% Steigung in großer Höhe. Die Talfahrt ist so riskant, daß jeder Lokomotivführer von einem Inspektor überwacht werden muß. ▷

Oben: Die letzten Garratt-Lokomotiven Südamerikas fuhren im Oktober 1975 noch in Bolivien. Aus ihrem ursprünglichen Einsatzgebiet, den kurvenreichen Bergstrecken, waren sie damals schon durch Diesellokomotiven verdrängt. Bei Machacamarca, am Rande der Uru-Uru-Sümpfe, ist die No. 903 (Beyer Peacock 1950) mit einem Güterzug von Oruro nach Uyuni unterwegs. Obwohl im Herzen der Anden gelegen, ist die Strecke bis Tupiza flach und eintönig.

Unten: Die No. 554, eine Kitson-1′D2′-Tenderlokomotive aus dem Bestand der F.C.A.B., konnte ich noch 1976 im Rangierdienst in Oruro beobachten. Gleich wie bei den 1927 gelieferten, moderneren Lokomotiven des gleichen Typs ist der Heizölvorrat auf dem Dach des Führerhauses untergebracht. Vier Mann und ein Zuschauer scheinen mit der Pflege und dem Wasserfassen vollauf beschäftigt zu sein.

Rechts: Für die 175 km von Sucre nach Potosí benötigten die Dampfzüge rund 10 Stunden. Ich machte die Fahrt im Oktober 1975 mit. Nach der Überquerung des Rio Pilcomayo sind bis La Cumbre (3636 m) mehr als 1300 m zu erklimmen. Auf halbem Wege, in Vila Vila, stillte die No. 664 (Hitachi 1958) am Wasserkran ihren Durst, und die Reisenden und das Zugspersonal ließen sich von Indiofrauen mit Suppe, Fleisch, Früchten und Chicha (Maisbier) stärken.

Oben: Bis zur Mitte der siebziger Jahre fuhren noch zweimal wöchentlich Personenzüge der Chilenischen Staatsbahnen durch die Atacamawüste. Iquique, der einst bedeutende Ausfuhrhafen für Salpeter, wäre damals ein weiterer Ausgangspunkt für die Reise durch den Kontinent gewesen. Die Halle des von englischen Zimmerleuten aus Holz gebauten Kopfbahnhofs ist zum Bahnhofsplatz hin offen und von diesem durch einen Zaun getrennt.

Mitte: Die von La Paz nach Norden führende Strecke kam nie über den Hafen Guaqui am Titicacasee hinaus. Seit 1872 besteht eine Dampferverbindung zum 225 km entfernten Puno, welches an einer Flügelstrecke der Peruanischen Südbahn liegt.
Der auf 3810 m gelegene See ist das höchste schiffbare Gewässer der Welt. Im Juli 1978 standen noch die «Ollanta» und die im Hafen von Puno fotografierte «Inca» in Betrieb. Die Schiffe wurden in England gebaut und, in Stücke zerlegt, von der Küste zum See transportiert. Der Passagierverkehr ist jetzt weitgehend von Tragflügelbooten und Autobussen übernommen worden.

Unten: Die La Paz–Beni-Bahn sollte die Hauptstadt mit dem Tiefland von Yungas und dem schiffbaren Rio Beni verbinden. In Chuspipata, auf etwa 2000 m Höhe, am Rande des Tropenwaldes, blieb der Bahnbau stecken. Rund fünfzig Jahre lang, bis gegen 1970, dauerte der Betrieb auf dieser im Nichts endenden, extrem ungünstig trassierten Gebirgsbahn. Um auf der 6 bis 7% steilen Rampe Zahnradbetrieb zu vermeiden, wurden zwei Shay-Lokomotiven eingesetzt. Die No. 1 diente schließlich noch jahrelang als Verschubmaschine in La Paz.
Den unmittelbaren Anlaß zur Einstellung des Bahnbetriebes gab der Bau einer hochmodernen Straße, welcher zur teilweisen Zerstörung der Bahntrasse führte. Ironischerweise ging auch den Straßenbauern das Geld aus, als sie den Endpunkt der Bahn erreicht hatten.
Das Bild ist von der Paßhöhe auf 4658 m Richtung Yungas aufgenommen. Deutlich ist im Talgrund die Bahntrasse mit einer Kehrschleife zu erkennen. Die alte Straße windet sich mit vielen Haarnadelkurven den steilen Hang empor. Pfeilgerade verläuft zuoberst die neue Straße. Um diese Linienführung zu ermöglichen, mußten gewaltige Erd- und Felsbewegungen vorgenommen werden.

Rechts: Der gemischte Zug mit Schlafwagen nach Rio Mulatos hat dort wechselweise Anschluß nach Chile, Argentinien oder La Paz. In Condor erreichen die Züge auf dieser Strecke eine Höhe von 4787 m. Das ist ein Weltrekord für fahrplanmäßige Züge, welcher 1975 noch ausschließlich von Dampflokomotiven gehalten wurde.
Auf dem Bild sehen wir diesen Mixto bei der Ausfahrt aus Potosí; die Stadt wurde bereits 1545 von den Spaniern am Fuß des Silberbergs Cerro Rico gegründet.

Buenos Aires–La Paz, rund 2700 km, ist die längste und jedenfalls am besten bediente internationale Bahnverbindung Südamerikas. Mehr als zwei Drittel der Reise legt man mit Zügen der «Ferrocarriles Argentinos» zurück. Auf ihrem 40000-km-Netz, dem größten Südamerikas, haben die Staatsbahnen, ähnlich dem Amtraksystem, ein Minimum an guten bis komfortablen Fernzügen aufrechterhalten. «Cinta de Plata» heißt der Zug der F.C. General Belgrano von der Hauptstadt nach Jujuy in der nordwestlichen Ecke des Landes und am Fuße der Anden. Er hat einmal wöchentlich Anschluß nach Salta und Socompa sowie zweimal in der Woche nach La Quiaca. Auf dem Aushangfahrplan, welchen ich 1982 zuletzt sah, war noch ein direkter Schlafwagen nach La Paz vermerkt. Ein Jahr später konnte ich auf dem Bahnhof dieser Stadt keinen Hinweis auf eine Verbindung nach Argentinien finden. Nur der Fahrpreis nach Antofagasta stand noch auf der Tariftafel. Für die Reisenden bleibt in der Praxis alles beim alten, denn die Züge fahren weiterhin auf beiden Seiten bis zur Grenze. Die Schlafwagen- und Erstklaßpassagiere hatten einen Grenzaufenthalt von ungefähr 15 Stunden in Kauf zu nehmen, was den praktischen Wert der durchlaufenden Wagen erheblich verminderte. Das Volk mußte schon immer 3 km weit zwischen den beiden Grenzbahnhöfen zu Fuß gehen und auf diesem Weg eine Unzahl von Grenzkontrollen passieren.

Die Fahrt von Jujuy durch die Quebrada Humahuaca hinauf auf das Altiplano ist einer der landschaftlichen Höhepunkte auf der langen Reise. Zuerst wird zwischen Léon und Volcán, nicht weit von Jujuy, eine Talstufe überwunden. Noch in den fünfziger Jahren taten hier Eßlinger F2′t-Zahnradlokomotiven Dienst. Bei meinem Besuch im Jahre 1972 waren, wie auf der Arica–La Paz-Bahn, Diesellokomotiven im Einsatz. Ab Volcán regierten damals noch die Dampfmaschinen: die Santa Fes und ähnlich aussehende Mountains gleicher Herkunft und Baugeschichte.

Hier lernte ich erstmals eine typisch südamerikanische Krankheit des ausgehenden Dampfzeitalters kennen: Die Züge verkehrten weniger nach Fahrplan als nach Verfügbarkeit von Lokomotiven. Drei Stunden nach der planmäßigen Abfahrtszeit des täglichen Güterzuges wurde noch immer an den vier Lokomotiven gebastelt, welche im Heizhaus standen.

Oberhalb von Volcán säumen kakteenbewachsene, in fast unwirklichen Rottönen leuchtende Bergketten das Tal.

Einmal in Bolivien angelangt, kann man statt nach La Paz mit einmal wöchentlich verkehrenden Zügen entweder von Rio Mulatos nach Potosí und Sucre oder von Uyuni nach Antofagasta fahren. Bald nach der Grenzstation Ollagüe kommen die schneebedeckten Vulkane San Pedro und San Pablo in Sicht. Riesenkegeln gleich stehen sie in der Hochebene, ähnlich wie die Vulkane bei Visviri an der Strecke nach Arica. Eine weitere Alternative ist, die Reise von Oruro nach Cochabamba fortzusetzen, indem man den täglich verkehrenden Expreß oder einen recht modernen Schienenbus besteigt.

Der Personenverkehr von La Paz zum Titicacasee ist eingestellt, seit die Trasse der bis El Alto elektrisch betriebenen Bahn durch den Bau einer Autobahn vor knapp zehn Jahren zerstört wurde. Ähnlich wie beim Fell-System, welches eine dritte Schiene für einen Rollenantrieb verwendet, gab es hier eine solche, die aber nur einem zusätzlichen Bremssystem diente. Die Ruinen von Tiahuanaco, der weltberühmten Kultstätte eines Volkes der Vor-Inkazeit, liegen unmittelbar an dieser Strecke. Am Ende der langen Reise sind sie der extreme Gegenpol zu Buenos Aires, der europäischsten Großstadt Südamerikas, am Ausgangspunkt.

Rechts: Die F.C.General Belgrano betreibt zwei der spektakulärsten Andenbahnen: den argentinischen Teil der Transandino-Bahn und die Strecke Salta–Socompa mit Fortsetzung nach Antofagasta; 880 km durch die Anden, 2500 km von Küste zu Küste. Der Gebirgsteil dieser Verbindung wurde erst 1948 fertiggestellt. Ein wöchentlicher Mixto mit Schlaf- und Speisewagen und eine Triebwagenverbindung waren 1972 alles, was den Reisenden zur Verfügung gestellt wurde. Weder die Lokomotiven noch die Wagen überquerten die Grenze. In Socompa, auf 3858 m ü.M., mußte umgestiegen werden. Eine Sperrung der Grenzübergänge zwischen Argentinien und Chile zufolge des Beagle-Konflikts bot der F.C.A.B. die Gelegenheit, den verlustbringenden Personenverkehr einzustellen. Die Reise von Salta westwärts beginnt mit einer Fahrt durch die Quebrada de Toro – die Stierschlucht. Es geht über hohe Viadukte; vorbei an steilen in allen Rottönen leuchtenden Felswänden, wo die Strecke zickzack geführt werden muß. Übereinanderliegende Schleifenentwicklungen führen zu einem Paß im ersten Hauptkamm. Von Salta nach San Antonio de los Cobres, der windgepeitschten Minenstadt, war es zu Dampfzeiten eine Tagereise. Von dort zur Pazifikküste benötigten die Züge weitere 24 Stunden. Den von der Santa Fe No. 1343 gezogenen Güterzug nahm ich im März 1972 bei der Station Ing. Maury auf. Henschel lieferte 1937 sechzehn dieser von Baldwin in den zwanziger Jahren konzipierten Maschinen. Sie erreichten auf den flacheren Abschnitten leicht 60 km/h.

Unten: Fiat-Schnelltriebwagen wie dieser in der Station Retiro aufgenommene waren im Jahre 1980 noch immer auf den von Buenos Aires ausgehenden Breitspurstrecken (1676 mm) eingesetzt.

Land der Extreme: Atacamawüste, Transandino, Südchile

Bahnreisen in Chile führen durch landschaftliche Extreme: mit der F.C.A.B. vom Pazifik durch die Wüste zu einem der größten Kupferbergwerke der Welt – Chuquicamata – und weiter zu der hier aus isoliert stehenden Vulkanen bestehenden Andenkette; mit der Transandinobahn im Dienstwagen eines Güterzuges hinauf zum Scheiteltunnel auf 3200 m ü. M. zwischen Caracoles und Las Cuevas. Die Anden haben in diesem Gebiet hochalpinen Charakter, und der Betrieb ist im Winter oft wochenlang durch Lawinenniedergänge blockiert. 16 km Tunnel und Galerien sind schon gebaut worden, um die Strecke zu schützen. Aber manchmal ist die Gewalt der Lawinen größer als das Standvermögen der Galerien. Mit Schubraupen und der von einer elektrischen und einer Diesellokomotive geschobenen Rotary-Schneeschleuder wird das Gleis in mühsamer Arbeit fast alljährlich freigelegt. Die moderne Straße mit eigenem Scheiteltunnel ist zu einer akuten Bedrohung des Bahnbetriebes geworden. Vorher fuhren die Autos während der Sperrung der Paßstrecke in den Zugspausen durch den Bahntunnel; ein auf der Welt einmaliger Vorgang.

Wenn nicht der Schnee, so verhindert oft das Fehlen betriebsfähiger Lokomotiven den Zugsverkehr. Der Versuch, die 8%-Rampe mit normalen Diesellokomotiven zu bezwingen, wie das in Arica praktiziert wird, scheiterte vor allem auf der Talfahrt. Das Geld für den Kauf neuer Zahnradlokomotiven fehlt.

Weiter südlich kommen wir aus dem Gebiet der Meterspur in das der Breitspur (1676 mm). Die Fahrt nach Puerto Montt, dem Ende des Schienenstranges, 1080 km von Santiago-Alameda entfernt, kann man schon in Valparaíso antreten und kommt so auf 1267 km. Solange noch die durchlaufenden Züge der Längsbahn in den Norden bis Iquique fuhren, bestand die Möglichkeit, die Reise um 1880 km auszudehnen. Als ich auf der Suche nach den Resten des Eisenbahnparadieses in der Atacamawüste 1975 zum ersten Mal in diese Stadt kam,

(Fortsetzung S. 119)

Auf dem nebenstehenden Bild blicken wir in das bei Los Andes noch fruchtbare Tal des Rio Aconcagua. Im Hintergrund liegen Teile der Cordillera Central, wo sich in der Umgebung des Aconcagua viele Fünf- und Sechstausendergipfel und große Gletscher finden. Der nahende Südwinter hatte im Juni 1978 in den Bergen schon Einzug gehalten, während im Tal Spätherbststimmung herrschte.

Die letzte bewegungsfähige Dampf-Berglokomotive der Transandino-Bahn, die Kitson-Meyer Type Z, No. 3348, 1909, wurde auf mein Betreiben noch einmal vor einem Personenzug auf die Strecke gebracht. Diese kohlegefeuerten Lokomotiven besitzen vorne ein vierachsiges Adhäsions- und hinten ein Zahnraddrehgestell mit drei Trag- und zwei Zahnradachsen. Sie zogen auf den Zahnradabschnitten bis zu 100 t. Bergwärts wurde immer mit dem Kohlebunker voraus gefahren, so daß Rauch und Dampf in den langen Schneegalerien durch ein Umlenkrohr am Kamin über den Zug nach hinten geblasen werden konnten.

Bis 1960 versahen die Dampf- zusammen mit den Elektrolokomotiven Dienst auf der Bergstrecke; neben den Kitson-Meyers arbeiteten noch zwei, diesen ähnliche Esslinger Maschinen. Zu den Ski-Weltmeisterschaften 1962 in Portillo wurde die 3348 als Reservelokomotive revidiert. Dann verwendete man sie einige Jahre lang bei Schneeräumarbeiten. Sie steht heute als Denkmal in Los Andes.

Oben: Die Atacamawüste erstreckt sich über 1100 km zwischen Arica und Copiapó. Sie gilt als das trockenste Gebiet der Erde. Nur der Rio Loa, südlich von Iquique, führt genügend Wasser, um während des ganzen Jahres von den Anden bis zum Pazifik zu gelangen. Sein Tal wird bei der Oase Quillagua von der Längsbahn und der Panamericana durchquert.

Iquique liegt auf einer Halbinsel, umgeben vom tiefblauen Pazifik. Die Stadt und ihre Eisenbahnen sind weitgehend ein Werk der Engländer, die den Salpeterbergbau in der Wüste in großem Stil betrieben. Das Hochplateau bricht abrupt zur Küste ab und war für die Bahnen ein erhebliches Hindernis. Die normalspurige F.C. Salitrero führte zu den Minen und nach Norden bis Pisagua. Mikados (1926), Garratts (1926) und Santa Fes (1936) bewältigten bis etwa 1955 einen dichten Verkehr. 1921 erreichte die meterspurige Staatsbahn die Stadt. Die Type W, eine 1100 PS leistende Mikado, ab 1921 vor allem von Baldwin in großer Zahl geliefert, war die Längsbahnlokomotive. Die No. 3545 führte im Mai 1978, dem letzten Jahr der Salpeterverschiffung in Iquique, einen Extrazug bis jenseits des Kehrtunnels. ▷

Rechts: Roberto Parada, Chefingenieur der F.C.A.B., nimmt vom Stationsvorstand in Mejillones den Zugstab des Streckenblocks entgegen, welcher ihm freie Fahrt bis Antofagasta gewährt. Er läßt es sich – es ist Mai 1978 – nicht nehmen, die No. 36 vor dem Extrazug nach Pampas selbst zu führen. North British Locomotive Works, Glasgow, lieferte diese 1'D2't-Maschinen im Jahre 1927 anläßlich der Umstellung von 2½-Fuß- auf Meterspur. Elegante Pacifics verkehrten einst auf der schmalen Spur. Mejillones, einmal ein bedeutender Hafen, beherbergte im Rundheizhaus einst Dutzende Lokomotiven; 1978 war nur noch die No. 36 betriebsfähig.

Unten: Nur in einer unbewohnten Gegend wie bei der Ausweiche Pampas, welche der Extrazug gerade in Richtung Mejillones verläßt, kann man ungestraft so viel Rauch produzieren. Hinter der Lokomotive befindet sich ein zusätzlicher Wassertender.

Seite 113

Jedes Bergwerkszentrum in der Atacamawüste besaß sein eigenes Bahnsystem. Es verband die Schürfstätten mit dem Verladehafen am Pazifik. Anläßlich des Baues der meterspurigen Längsbahn Chiles in den Jahren 1900 bis 1921 wurden die ursprünglich sechs Spurweiten etwas vereinheitlicht.
Taltal, südlich von Antofagasta gelegen, war 1978 fast eine Geisterstadt. Der Besucher hatte den Eindruck, die Angestellten seien über Nacht geflohen. Für alles war gesorgt: In einem Magazin befanden sich, säuberlich geordnet, Gußformen, unter anderem für so gegensätzliche Gegenstände wie Lokomotivkamine und Friedhofskreuze. Ein ausgedehntes Kapspur-Gleisnetz in drei Ebenen und ein Stück der Strecke talaufwärts, auf welchen noch gelegentlich die No. 59 fuhr, eine Kitson-Meyer aus dem Jahre 1912, waren jahrelang ein extravagantes Pilgerziel von Eisenbahnliebhabern. Das Ganze gehörte einem Schrotthändler in Santiago. Er hatte auf meine Bitte seinen Verwalter beauftragt, gegen Bezahlung der anfallenden Kosten die No. 59 in Betrieb zu setzen.
Bevor wir mit dem Anheizen beginnen konnten, mußte die ehemalige Lokmannschaft für einen Tag von der Algenverwertungsfabrik freigekauft werden. Stundenlang wurde dann fieberhaft gearbeitet, bis alle Hindernisse überwunden waren. Gegen 2 Uhr nachmittags konnten wir mit der Zusammenstellung eines Zuges beginnen. Da gab es plötzlich einen großen Knall, und der Führerstand füllte sich mit Rauch. Die Maschine war nicht mehr zu bewegen: Die Dampfleitung zu den Zylindern war im Bereich der Rauchkammer geplatzt. Die Aufnahme entstand an der Stelle des traurigen Geschehens. Als Besonderheit besaßen diese Lokomotiven einen zweiten Kamin für den Abdampf des hinteren Zylinderpaares.

Nach meinem Besuch in Arica und Iquique fuhr ich mit einem Autobus über Nacht nach Antofagasta. Die Fahrzeit für die 490 km lange Strecke betrug 9½ Stunden. Im Vergleich waren die Personenzüge der Längsbahn mit 57 Stunden für 1880 km von La Calera nach Iquique nicht hoffnungslos langsam.
Bei der Ankunft in Antofagasta erspähte ich den gerade abfahrenden «Internacional» nach Ollagüe und La Paz. Mit einem Taxi nahm ich sofort die Verfolgung auf, denn die Fahrt auf der doppelgleisigen Strecke durch ein enges, felsiges Tal hinauf nach La Negra versprach fotografisch interessant zu sein. Bald hatten wir den Zug eingeholt. Wäre nicht eine Diesellokomotive an seiner Spitze gewesen – die No. 954, eine der 2 damals gerade abgelieferten Reisezugsmaschinen –, hätte ich mich in den Wilden Westen des letzten Jahrhunderts zurückversetzt gefühlt.
Das Innere der Wagen entspricht deren Äußerem: Nußholztäfelung, Plüschpolster und geschliffene Glasscheiben und Spiegel im Speisewagen, den Erstklaß- und Schlafwagen.
Die hier gezeigte Aufnahme entstand kurz nach Sonnenaufgang bei der Station O'Higgins, wo die Strecke nach Socompa abzweigt. 1978 verkehrte noch je ein wöchentliches Zugspaar nach Argentinien und Bolivien. Wegen gespannter Verhältnisse mit den Nachbarn hatten diese Züge oft nur etwa 30 Passagiere.

Rechts: Um den Gebirgsabschnitt der Bahnlinie von Valparaíso nach Santiago fertigzustellen, holten die Chilenen Henry Meiggs. 1863 fuhr der erste Zug zur Hauptstadt. 1924 hatte Westinghouse die Elektrifikation mit 3000 V Gleichstrom vollendet. Die Firma bot eine 25jährige Betriebsgarantie für diese erste elektrisch betriebene Hauptbahn Südamerikas.
Der Bahnhof Mapocho besitzt, ebenso wie Alameda, eine stählerne Halle. Der Abendexpreß zum Hafen, gezogen von einer E 30 italienischer Herkunft aus dem Jahre 1964, ist zur Abfahrt bereit.

Unten: Westinghouse hatte nicht zu viel versprochen. Noch nach 54 Jahren standen 1978 einige der E 28 im Dienst – 1′Co′Co′1′-Maschinen, für deren mechanischen Teil Baldwin verantwortlich zeichnete. Sie dienten vor allem auf der Bergstrecke als Bremslokomotiven vor den E 30, welche keine elektrische Bremse besitzen und ohne diese alleine nicht zu Tal fahren dürfen. Kilometerweit war der Heulton ihrer Getriebe zu hören. Der Lärm auf den Führerständen war so stark, daß das Personal Gehörschutz verwenden mußte. Der morgendliche Expreß nach Valparaíso ist unterhalb der Station Enrique Meiggs aufgenommen.

Der 1978 noch dreimal wöchentlich fahrende, argentinische Triebwagenzug Los Andes–Mendoza passierte die Station Hermanos Clark (2220 m ü. M., Streckenkilometer 50,5), so benannt zu Ehren der Erbauer des chilenischen Teils der Transandino-Bahn. Diese Züge mit Dieselgeneratoren in jedem Endwagen und Triebdrehgestellen am Zwischenwagen wurden von Ganz (Ungarn) gebaut. Sie befuhren die Zahnradabschnitte im Adhäsionsbetrieb und hatten Zahnräder mit Bremstrommeln als Sicherheitsbremssystem. ▷
Die Fahrt bis zur Grenzstation Las Cuevas dauerte knapp drei Stunden.
Der Stationsbeamte hält den Fangring mit der Blockscheibe (tablet), welche die Weiterfahrt bis Portillo gestattet. Den Ring aus Rio Blanco hat der Führergehilfe soeben hinausgeworfen. Links sind die Bekohlungsstation und der Wasserkran zu erkennen, rechts ein Teil der Drehscheibengrube.

4705

war das Rundheizhaus noch mit betriebsbereiten Meter- und Normalspur-Mikados gefüllt. Den Dienst versahen drei Diesellokomotiven. Man schien noch Hoffnung auf eine Wiederbelebung des Salpetergeschäfts zu hegen. Auch die Armee hatte ein Interesse an der Erhaltung dieser Transportreserve.

Die Züge nach dem Süden bieten noch immer ein für Südamerika erhebliches Maß an Komfort und Zuverlässigkeit. Schlaf-, Speise- und bequeme Tageswagen laufen in den Expreßzügen. Seit 1964 wird elektrisch bis Concepción gefahren. Die Elektrifizierungsarbeiten bis Temuco sind im Gang. Wirtschaftsprobleme hatten auch im Süden einen erheblichen Verkehrsrückgang zur Folge. Die Nebenbahnen wurden stillgelegt. Einige Diesellokomotiven genügen zur Beförderung der wenigen Züge. Das große Heizhaus in Temuco dürfte jetzt ein Bild bieten, wie ich es vor zehn Jahren in Iquique vorgefunden hatte. 1978 waren nur der Ordinario, der Expreso und der Rapido mit Diesellokomotiven bespannt. Fiel eine von diesen aus, so nahm eine Mountain ihren Platz ein. Die Mannschaften dieser Maschinen, von denen noch viele liebevoll gepflegt im Titularsystem liefen, setzten dann alles daran, die Fahrzeiten einzuhalten.

Die Landschaft und das Klima kommen uns immer vertrauter vor, je weiter wir nach Süden gelangen: Seen, Flüsse, Wasserfälle, Wälder und schneegekrönte – Vulkane.

Links: Für die 1928 elektrifizierte Transandino-Bahn (Gleichstrom, 2700 V) lieferte die SLM in Winterthur drei Doppellokomotiven. Sie besitzen sechs Motoren: vier für den Adhäsions- und zwei für den Zahnradbetrieb nach System Abt mit dreiteiliger Zahnstange. Die No. 103 fotografierte ich im Mai 1978 talfahrend vor dem letzten von fünf, zusammen 22 km langen Zahnradabschnitten von maximal 80‰ Neigung. Vier beladene Güter- und ein Dienstwagen, etwa 200 t, sind die höchste Belastung auf der Talfahrt.

Oben: Die Flügelstrecke von Victoria nach Lonquimay (113 km) zählte mit zwei täglichen Zugspaaren zu den aktivsten Nebenbahnen in Südchile. Sie war als südlichste Bahnverbindung mit Argentinien bis nach Zapala projektiert. Die erste Andenkette, mit der im Hintergrund zu sehenden Sierra Nevada, wurde mit Hilfe des Basistunnels Las Raíces überwunden. Der Vormittagszug, gezogen von der No. 531, ist im Februar 1978 in dessen Nähe fotografiert. Die von Henschel 1912 entworfenen Moguls der Type 57 waren damals noch zahlreich vorhanden und beherrschten den Nebenbahnbetrieb fast ganz.

Unten: In San Rosendo, im Tal des Rio Biobio, unweit der Hafenstadt Concepción, übernahmen bis zu Beginn der achtziger Jahre Dampf- und Diesellokomotiven die Züge in den Süden. Vom Dach des 360-Grad-Rundheizhauses blicken wir auf die Drehscheibe, mit der Mountain No. 823. Die ersten zehn Maschinen dieser Type 80 lieferte Baldwin im Jahre 1947. Zwei von ihnen stehen im Heizhaus, daneben eine Mikado Type 70 und eine weitere Mountain, aus der 58 Einheiten umfassenden, ab 1952 nach den amerikanischen Plänen von Mitsubishi gebauten Serie.

Zwei zusammengekuppelte Güterzüge, vorne ein Kohlezug, hinten der von der No. 452 gezogene Zug aus Curanilahue, überqueren die fast zwei Kilometer lange Brücke über die Mündung des Rio Biobio bei Concepción. Der Biobio ist einer der kurzen, aber sehr wasserreichen Flüsse, welche den schmalen Landstreifen zwischen den Anden und dem Pazifik durchqueren und für die Nord–Süd-Verkehrswege erhebliche Hindernisse darstellen. Bedeutende Bahnbrücken finden wir auch über den Rio Maipo bei Santiago, den Rio Malleco bei Collipulli und den aus dem Seendistrikt kommenden San Pedro östlich von Valdivia. ▷

102

Naturwunder und Schmalspurbahnen in Patagonien

Patagonien erstreckt sich südlich des Rio Colorado über vier argentinische Provinzen und das Territorium Feuerland. Ein modernes Verkehrsflugzeug benötigt rund zwei Stunden, um es in seiner Nord-Süd-Ausdehnung im Nonstopflug zu überqueren. Die Fläche entspricht ungefähr der von Frankreich und der Bundesrepublik Deutschland. Hier ist der Mensch noch in der Minderheit gegenüber den freilebenden Tieren. So zählt alleine eine der großen Pinguinkolonien, Punta Tombo, rund doppelt so viele Vögel wie ganz Patagonien Einwohner. Diese menschenleere, jedoch an Naturschönheiten und Bodenschätzen reiche Region zieht vor allem diejenigen an, welche eine Landschaft auch ohne Touristen schön finden und die Einsamkeit nicht scheuen, wo es gegenseitige Hilfsbereitschaft braucht, um Schwierigkeiten zu meistern, wo man oft in einem Gasthaus noch das ist, was der Name ausdrückt.

Einige Beispiele mögen das illustrieren. Die 80 km lange Piste zum versteinerten Wald, einem Naturdenkmal ersten Ranges, ist an der Abzweigung kaum markiert. Unterwegs läßt einen deren Zustand manchmal vermuten, man sei vom Wege abgekommen. Nur ein Häuschen und ein davor stehender Geländewagen sowie der Stand am Kilometerzähler verrieten mir, daß ich am Ziel angelangt war. Zwei Stunden wanderte ich fotografierend umher, bevor ich auf den Parkaufseher stieß. Er hatte mich von weit weg beobachtet. Zum Dank dafür, daß ich keine Souvenirs gesammelt hatte, wies er mir den Weg zu den versteckt gelegen stehenden Baumstrünken.

An einem Morgen bin ich 300 km weit gefahren, ohne ein anderes Fahrzeug oder einen Menschen zu sehen. Statt ihrer begegneten mir Guanakos, die wild lebenden Verwandten der Alpakas, Strauße, patagonische Hasen, Flamingos und Raubvögel.

Ein andermal kam ich am 23. Dezember in das Hotel Tehuel Aike in El Calafate. Als Ausgangspunkt für den Besuch des Morenogletschers genießt der Ort den Ruf einer Touristenstation. Fast nebenbei fragte die Wirtin, ob ich zum Weihnachtsabend hier bliebe. Ich war dann der einzige fremde Gast bei einem Weihnachtsbankett für Verwandte und Freunde. Den Abend ließen sich die Wirtsleute nicht bezahlen.

Wenden wir uns nun den Eisenbahnen Patagoniens zu. Die Strecke Puerto Madryn–Trelew der F.C. Central Chubut leitete hier 1889 das Eisenbahnzeitalter ein. Sie sollte entlang des Rio Chubut bis zu den Anden gebaut werden. Las Plumas, etwa auf dem ersten Viertel des Weges, blieb der Endpunkt. Mitte der fünfziger Jahre wurde der Betrieb eingestellt. Das Bahnhofsgebäude in Puerto Madryn dient jetzt als Busstation. Eine urenglische 1'C von Beyer Peacock steht noch im gleislosen Bahnhofsgelände. Soweit sich ohne Maßband ermitteln ließ, war das Netz in Kapspur gebaut.

Zur Jahrhundertwende erreichte die heute zur F.C. General Roca gehörende Breitspurstrecke Neuquén. Bis 1922 war San Carlos de Bariloche erreicht, 1741 km von Buenos Aires entfernt, der am tiefsten in Patagonien liegende Ort mit einer direkten Bahnverbindung. Der Kurort kann mehrmals wöchentlich mit der Bahn er-

(Fortsetzung S. 128)

Links: Um vier Uhr morgens holte sich der Führer der Henschel-Mikado No. 102 im Stationsbüro von Esquel den Befehl «Via libre» – freie Bahn – für den Mixto 1622 bis nach Lepa. Gleichzeitig übergab ihm der Vorstand noch ein zweites Formular, welches Fahrzeitüberschreitung gestattete – auch in Argentinien «Papierner Vorspann» genannt. Soldaten der Garnison Esquel benutzten damals, Ende Dezember 1982, den nur noch mittwochs verkehrenden Zug, um auf Neujahrsurlaub zu fahren. Das brachte Leben auf den Bahnhof und Rekordfrequenz für den kleinen Zug. Fünf Personen-, je ein Speise- und Dienstwagen sowie zwei Güterwagen, einer davon für die Pferde der Soldaten, waren fast zu viel für die schon etwas altersschwache Lokomotive. Manchmal mit letzter Kraft und wild schleudernd schaffte sie die Steigung zum 200 m höher gelegenen Nahuel Pan.
Während in La Cancha Wasser genommen wird, befaßt sich der Lokomotivführer mit der Pflege des Triebwerks.

Oben: In El Maitén war Lokwechsel. Der Führer, ein Meister seines Fachs, war wo immer möglich mit 50 km/h gefahren und hatte nur 15 Minuten Fahrzeit zugesetzt. Der Zugführer konnte zufrieden sein. Die Aufschrift «Guard» auf seiner Kappe erinnert an die englische Vergangenheit der F.C. General Roca.

◁ Während bei vielen Bahnen Südamerikas der Mangel an einsatzfähigen Lokomotiven den Betrieb behindert, standen in El Maitén am 29. Dezember 1975 drei Maschinen zur Führung eines Güterzuges nach Ing. Jacobacci zur Verfügung, jedoch kein Personal. Der Ablauf der reglementarischen Ruhezeit der eingeteilten Mannschaft mußte abgewartet werden.
Vor dem um viele Stunden verspäteten Zug verläßt die Baldwin-Mikado No. 18 über einen flachen Sattel das Chubuttal. Auf den hier höchstens um die 2000 m hohen Andengipfeln liegt mitten im Sommer noch Schnee.

Oben links und unten: Südlich von Perito Moreno zweigt bei Bajo Caracoles eine 40 km lange Piste ab und führt zu dem tief ins flache Land eingeschnittenen Tal des Rio Pinturas. Vor den Sturmwinden Patagoniens geschützt und mit Wasser versorgt, lebten schon etwa 9000 Jahre vor Beginn unserer Zeitrechnung Menschen in diesem Tal. Sie haben uns in Form von einfachen Felsbildern Zeugnisse ihres Daseins hinterlassen, deren Sinn uns weitgehend verborgen geblieben ist. Charakteristisch sind gehäufte Darstellungen von Händen, weshalb die so dekorierten Felsnischen «Cuevas de las Manos» genannt werden.

Oben: Vor etwa 70 Millionen Jahren wurden ausgedehnte Wälder unter enormen vulkani-

schen Aschenauswürfen begraben. An zwei Stellen kamen die inzwischen versteinerten Bäume – sie gehören zur Art der Araukarien – wieder ans Tageslicht. Die Aufnahme, welche ich an der Fundstelle beim Madre e hija-See machte, zeigt stehende Baumstrünke. Dieser Fund beweist, daß die Bäume hier gewachsen sind.

Oben: Die Halbinsel Valdés ist ein Refugium vieler Tierarten. In Punta Norte befindet sich der Lagerplatz einer großen Kolonie von See-Elefanten, auch Elefantenrobben genannt. Am offiziellen Besichtigungspunkt schützt ein Drahtzaun die Tiere vor der Zudringlichkeit der Menschen.
Die an Land unbeholfenen Tiere balgen und paaren sich, werfen sich Sand mit den Flossen auf den Balg, grunzen, bellen und mekkern. An einer abgelegenen Stelle konnte ich auf «Tele-Schußdistanz» an eine kleine, faul am Strand liegende Tiergruppe herankommen. Neugierig beäugte mich der aufgerichtete See-Elefant, während sich seine weniger mutigen Kollegen vorsichtshalber rückwärts ins Wasser schoben.

Unten: Entlang der Grenze zwischen Argentinien und Chile befindet sich im Süden Patagoniens die größte zusammenhängende Eismasse außerhalb der Polargebiete und Grönlands. Gletscher stoßen vom Eisplateau aus zu den am Rande der Gebirgskette beginnenden Seen vor.
Vom Lago Argentino führt ein Arm – Canal de los Tempanos genannt – in die Berge. In diesen fließt der Morenogletscher. Auf der Hinfahrt kündigt die immer größere Zahl im Wasser treibender Eisberge die Nähe des Gletschers an. Plötzlich steht er dann vor dem Besucher: eine riesige, wie von Zyklopenhand zerklüftete Eismasse. Die Stirnseite ist wenigstens drei Kilometer breit und bis zu 70 Meter hoch. Ständig knackt, knallt, poltert oder donnert es. Eisstücke, mitunter kirchturmgroße Gebilde, stürzen ins Wasser. Man kann stundenlang vor diesem Naturwunder sitzen und hat sich noch immer nicht satt gesehen. Ein Gletschervorstoß an das gegenüberliegende Ufer hatte den Kanal unterbrochen, und, wie das Bild zeigt, wurden vom Eis vor nicht zu langer Zeit Bäume umgeworfen.

Oben: Während der schon eingangs vorgestellte Mixto 1622 von La Cancha nach El Mayoco fuhr, ging die Sonne auf und tauchte die kahle Landschaft in ein zartrotes Licht. Ausnahmsweise blies der fast ewige patagonische Wind nicht, und der Sommermorgen war bitter kalt. Das seltene Zusammentreffen so vieler günstiger Umstände verwandelte ein üblicherweise nichtssagendes Motiv vollständig. Auf der mir bestens bekannten Strecke hatte ich es nicht in meine Planung einbezogen gehabt. Nur mit knapper Not gelang der Schuß, nachdem ich mit einem halben Auge seitwärts spähend die Chance erkannt hatte.

Unten: Die südlichste der drei Stichbahnen vom Atlantik in das Landesinnere führte von Puerto Deseado 300 km weit nach Las Heras. In dem nur aus einigen Häusern bestehenden Nest namens Fitz Roy stieß ich auf diese Strecke. Verwachsene Gleise, ein Wasserturm, der Bahnhof und ein verrostetes Semaphorsignal waren noch vorhanden.
In der Kneipe erhielt ich ein bescheidenes Abendessen. Der letzte Zug sei vor zehn Jahren gefahren, erzählte der Wirt. Als ich gegen 22 Uhr zur Weiterfahrt rüstete, bahnte sich ein Sonnenuntergang an, wie er selbst in Patagonien nicht jeden Tag zu sehen ist.

Rechts: Von Esquel fahren die Züge meist frühmorgens ab, so daß Aufnahmen auf der Bergstrecke nach der Ausweichstation Nahuel Pan nicht möglich sind. Am 25. März 1978 war die Abfahrtszeit eines Güterzuges auf die Mittagsstunde festgelegt, Grund genug, die lange Anfahrt von El Maitén her in Kauf zu nehmen. Zu Füßen des Berges Nahuel Pan machte ich die hier gezeigte Aufnahme als letzte und beste von dieser Bergfahrt. Der Heizer hatte mich wieder rechtzeitig entdeckt und sorgte für kräftigen Rauch, wie wir das vorher über das Diensttelefon vereinbart hatten.

reicht werden. Der Paradezug «Expreso los Arrayanes» braucht 29 Stunden, der einfache Expreß «Lagos del Sur» fast 10 Stunden mehr. Zu Ostern 1978 bestand dessen Komposition noch fast ausschließlich aus Wagen mit Holzkästen, an deren Spitze eine recht antike Diesellokomotive rauchte. Die Fusionsgesellschaft Baldwin-Lima-Hamilton und Westinghouse hatten sie 1953 geliefert.

Es waren aber nicht die nur in die nördlichen Randgebiete Patagoniens führenden Breitspurstrecken, sondern vielmehr zwei dampfbetriebene Schmalspurbahnen, welche mich mehrmals zu Besuchen lockten. Von diesen möchte ich im folgenden einiges berichten.

El Maitén, im Tal des Rio Chubut, befindet sich ziemlich genau auf halbem Wege zwischen der Station Ing. Jacobacci der F.C. General Roca und dem Städtchen Esquel am Fuße der Anden. Die Siedlung lebt von der Eisenbahn. Viele Stunden habe ich hier verbracht: im großen Heizhaus mit seinen 1922 von Baldwin und Henschel gelieferten, zierlichen Mikados; im Büro des Telegraphisten, der mir mit seinem Morseapparat die Meldungen von der Strecke beschaffte, oder im kleinen, von einem Lokomotivführer betriebenen Restaurant. Die gute Werkstätte hat bisher immer dafür gesorgt, daß eine genügende Zahl von Lokomotiven und Wagen trotz ihres inzwischen hohen Alters einsatzfähig geblieben sind. Hügelland-, Tal- und Gebirgsabschnitte bringen viel Abwechslung in die 402 km lange, zum Roca-System gehörende 2½-Fuß-Strecke, an deren Ende der Kilometerstein 1949 steht. Dem Bähnchen oblag früher der ganze Abtransport der Produkte der Region: Obst, Wolle und Schlachtvieh. 1975 verkehrte der Mixto, oft von zwei Lokomotiven gezogen, noch dreimal wöchentlich. An den anderen Tagen gab es Güterzüge. Seither ging es bergab. Wie lange wird es noch ein Zugspaar pro Woche und fakultative Güterzüge geben? Beide fahren für den Eigenbedarf, das Militär und einige Weltenbummler, denen gut 15 Stunden Fahrzeit, zwei lange Aufenthalte für Lokwechsel inbegriffen, nicht zu viel sind.

Die vielleicht originellste Schmalspurstrecke Argentiniens befindet sich an der Grenze zu Chile. Ungefähr entlang des 52. Breitengrades verläuft sie meist im Tal des Rio Gallegos vom Atlantikhafen gleichen Namens zu den Kohlegruben von Rio Turbio. Die Industriebahn Rio Turbio, abgekürzt R.F.I.R.T., ist in vieler Beziehung einzigartig. Die Gedenktafel, welche am Endpunkt zu ihrem 25. Geburtstag am

25. Mai 1976 angebracht wurde, erinnert auch daran, daß die 270 km lange 2½-Fuß-Bahn die südlichste der Welt ist. Die Wahl dieser Spurweite entsprang einem Zufall. In Puerto Madryn standen noch einige fabrikneue, verpackte Henschel-Mikados ohne Verwendungszweck herum. Zudem war Gleisbaumaterial von den bereits stillgelegten Chubutstrecken verfügbar. Die kleinen Lokomotiven konnten die gestellten Aufgaben nicht bewältigen. Schon 1956 übernahmen zehn von Mitsubishi gelieferte Santa-Fe-Maschinen den Dienst. 1963 folgten nochmals zehn Stück, welche schon ab Werk die vom argentinischen Lokomotivpapst Porta in Zusammenarbeit mit seinem französischen Kollegen Chapelon entworfenen Verbesserungen besaßen: strömungsgünstig ausgebildete Dampfwege, das Kyl-Por-Blasrohr und eine Kohlevergaser-Feuerbüchse. Die voll ausgerüstet mit dem sechsachsigen Tender 96 t wiegenden Lokomotiven leisten Unglaubliches. Mit den 1500-t-Zügen überwinden sie eine 10 km lange 8‰-Rampe. Portas Versuchszug wog sogar mehr als das Doppelte. Auf der Rampe half allerdings eine Schiebelokomotive. Nur gegen patagonische Stürme mit Windgeschwindigkeiten bis zu 150 km/h und gefrorenen Schnee sind auch diese Lokomotiven machtlos.

Bei meinem ersten Besuch im Januar 1978 herrschte wegen gespannter Beziehungen zu Chile fast ein Fotografierverbot. Aus Haftungsgründen ließ man mich nicht in Zügen mitfahren. Auch gab es wegen Gleisbauarbeiten und Absatzproblemen für die Kohle nur ein Zugspaar bei Nacht. Eine kurze Taxifahrt kostete 50 Dollar. Deshalb kam ich 1982 mit einem in Neuquén gemieteten Auto wieder. Das sympathische Hotel Bellavista, auf halber Strecke gelegen, diente mir als Standquartier. Als ich einmal erst gegen Mitternacht zurückkam – übereifrige Polizisten hatten versucht, mich zum Fang ihres Lebens zu machen –, wurde ich mit einer als Überraschung und Gastgeschenk vorbereiteten Parillada, einer gemischten Grillplatte, empfangen.

Der Fitz Roy (3375 m) ist für andine Verhältnisse kein sehr hoher Gipfel, aber der höchste, eindrücklichste und von den besten Bergsteigern der Welt begehrteste in den Anden Patagoniens. Den Standpunkt für dieses Bild überragt der Berg um 3000 Meter. Erst 1952 gelang seine Besteigung. Seither sind neun verschiedene Routen, meist höchster Schwierigkeitsgrade, eröffnet worden. Was den Bergsteiger hier erwartet, beschrieb eine Zweierseilschaft kürzlich wie folgt: «In Patagonien braucht man zusätzlich zu den normalerweise für eine Besteigung erforderlichen Fähigkeiten fast Erfolgsbesessenheit, eine gute Portion Glück, Geduld und vor allem erhebliche psychologische Widerstandskraft. Eine Erstbegehung in Patagonien ist ein Kampf gegen die entfesselten Naturkräfte, zu welchen sich ein dämonischer Wind gesellt. Die Wetterverhältnisse ändern sich blitzschnell. Unbezwingbar scheinende, herrlich aussehende Formationen schlagen das Auge in Bann. Eine verhexte Burg im Walt-Disney-Stil, welche durch 1500 m hohe, von blitzendem Eis überzogene Granitwände befestigt ist, kommt einem beim Anblick des Fitz Roy als Vergleich in den Sinn.»
Ich schätzte mich glücklich, diesen oft in Wolken gehüllten Berg während meines kurzen Besuches wenigstens einmal gesehen zu haben.

Mit gut 80 km/h fegte der Westwind durch das flache Tal des Rio Gallegos, was diesseits der Andenkette föhnartige Aufhellungen hervorrief, welche ich mir zunutze machte. Jedoch hatte die Sache einen Haken: Es ist bei dieser Windstärke nicht mehr möglich, ruhig zu stehen. Das Risiko einer verwackelten Aufnahme ist groß. Außerdem ist man bei ostwärts fahrenden Zügen durch den dem Zug vorauseilenden Rauch behindert. Nicht zu reden davon, daß der vom Wind aufgewirbelte Sand in alle Fugen kriecht und zwischen den Zähnen knirscht.
In der Station Ing. Cappa, auch Sofia genannt, haben die «Carboneros» einen längeren Aufenthalt. Die Mannschaften wechseln. Ihre Ruhezeit hier muß wenigstens 12 Stunden betragen. Die Wasservorräte in den beiden Tendern werden ergänzt, die Kohle wird getrimmt, das Feuer geputzt und das Triebwerk geschmiert. Meist kreuzen sich auch die fast gleichzeitig an den Endpunkten abfahrenden Züge. Die No. 118, damals, im Dezember 1982, die bestgepflegte Maschine der Bahn, verläßt soeben die Station vor einem aus 60 Wagen bestehenden, rund 1500 t schweren Zug zum Hafen Rio Gallegos. Die ganze Fahrt dauert normalerweise 9 Stunden.

Comodoro Rivadavia ist die größte Stadt Patagoniens und liegt im Zentrum der ergiebigsten Ölfelder Argentiniens, in welchen auch die erste erfolgreiche Bohrung des Landes niedergebracht wurde. Die Astra, eine der privaten Ölgesellschaften, hat unweit der Stadt ein dem Thema der Ölförderung gewidmetes Freilichtmuseum errichtet. 1916 waren die Bohrtürme noch aus Holz. Kleine mobile Dampfkessel hatten riesige Kamine.

An die Bedeutung der Bahn als Transportmittel erinnert ein Weichensignal.
Die Stichbahn nach der Kolonie Sarmiento war bis zum Ende der siebziger Jahre in Betrieb. 1980 wurden Fahrzeuge und feste Anlagen versteigert. Das Bahnhofsgebäude in Rivadavia und ein musealer Zug mit einer C-Tenderlokomotive von Cockerill sind erhalten geblieben.

69
60

Vielfältiges Riesenland

Die erste Eisenbahn Brasiliens fuhr 1855 von Rio de Janeiro aus 15 km weit in Richtung des Staates Minas Gerais. Die weitere Entwicklung des Eisenbahnwesens wurde durch viele Gesellschaften und politische Wirren geprägt. Die uneinheitliche Entwicklung widerspiegelte sich in zehn verschiedenen Spurweiten zwischen 1600 und 600 mm, welche 1911 vorhanden waren.

In dem für die Errichtung von Bahnen besonders interessanten, dichter besiedelten Küstenstreifen von einigen hundert Kilometern Breite stellte die dort verlaufende Bergkette ein erhebliches Hindernis dar. Zu seiner Überwindung wurden lokal Kabel- und Zahnradbahnen eingesetzt. Dagegen blieben die Pläne für ein leistungsfähiges, landesweites Netz bis heute auf dem Papier. 90% aller Strekken sind in Meterspur ausgeführt, und selbst der lange Gleisstrang zwischen Pôrto Alegre und Recife weist keine einheitliche Spurweite auf. Flugverkehr und Flußschiffahrt fanden in diesem großen, im Inneren dünn besiedelten Land meist günstigere Voraussetzungen als die Eisenbahn. In jüngster Zeit kam als Konkurrenz ein leistungsfähiges Fernstraßennetz hinzu. So fristet der Personenverkehr außerhalb der großen Agglomerationen das gleiche Schattendasein wie in Nordamerika.

Der gesamthaft gesehen nicht brillante Eindruck hat sein Gegenstück in einer punktuellen Mannigfaltigkeit mit vielen Überraschungen. Noch immer sind alle Traktionsarten vertreten, und Dampflokomotiven beteiligen sich am Alltagsbetrieb. Bis vor kurzem wurden noch fünf verschiedene Spurweiten aktiv befahren.

Es gibt Zahnradbahnen, und die Anlagen der Kabelbahn bei Santos stehen noch. Ein uraltes Tram und eine elektrische, in gebirgiger Gegend fahrende Lokalbahn bereichern das Bild. Auf gut gepflegten Museumsbahnen kann man fast hundertjährige Veteranen bestaunen.

Mein erster Besuch, es war im Juni 1975, galt natürlich der Kabelbahn bei Santos. Auf der Estação da Luz, dem

Links: São João del Rei im Staate Minas Gerais, ist in Landschafts- und Stadtbild ein Stück von Portugal. Auch die Schmalspurbahn, welche hier ihr Betriebszentrum hat, paßt hierher, solange man darüber hinwegsieht, daß ihre Lokomotiven von Baldwin stammen.
Das Glanzstück der ausgedehnten Bahnhofsanlagen ist die ganz aus Holz gebaute Halle des Kopfbahnhofs mit einem viergleisigen Hauptteil und zwei Flügelhallen mit zusammen fünf Gleisen. Zwei der ältesten Lokomotiven der Bahn, 1893/94 gebaute 1'D mit Außenrahmen, traf ich an einem Aprilmorgen des Jahres 1976 vor der großen Halle stehend an; die No. 60 mit dem Personenzug nach dem 98 km entfernten Antonio Carlos und die No. 69 auf Verschubfahrt. Die 2½-Fuß-Schmalspurbahn war damals unter dem Namen «Viação Ferrea Centro Oeste» noch selbständig. Die Lokomotiven wurden im Titularsystem betrieben, und ihre Mannschaften wetteiferten um die am besten gepflegte Maschine. Dekorativ sind auf den Zugbalken die Hebewinden und deren Betätigungsstange aufgestellt. Im Falle einer, hier zufolge des schlechten Gleiszustandes nicht ganz unwahrscheinlichen Entgleisung würden sie zum Heben der Fahrzeuge verwendet.

Oben: Santa Teresa, Rio de Janeiros altes, stark europäische Züge tragendes Stadtviertel unterhalb des Corcovado, ist durch ein vorsintflutlich anmutendes Tram mit dem von Hochhäusern geprägten Zentrumsbezirk São Antonio verbunden. Unmittelbar nach der Abfahrt von dort wird ein breites Tal auf einem mehrere hundert Meter langen Viadukt überquert. Dieser ist so groß, daß die kleinen, von General Electric gebauten, solo fahrenden Sommertriebwagen auf ihm fast nicht auszunehmen sind. Mir ist auf der ganzen Welt keine Trambahn bekannt, welche ein nur annähernd gleich großes Bauwerk nur für sich benützt. Durch steile, enge, kurvenreiche Straßen geht es dann hinauf zur Endstation Dois Irmãos, wo die gezeigte Aufnahme im November 1980 entstand. Gut ist die 40 m hohe, 1200 t schwere Christusstatue auf dem Gipfel des Corcovado zu erkennen. Die Talfahrt in den nur mit einer einfachen Druckluftbremse ausgerüsteten Wagen ist nichts für ängstliche Gemüter. Schon mehrmals hat es schlimme Unfälle gegeben. Südamerikaner haben eine andere Einstellung zu Risiken und Gefahren als wir.

Oben: Dem Reiseverkehr auf der Strecke Curitiba–Paranaguá dienten im Mai 1981 je ein Personenzugs- und Triebwagenpaar. Der Aufstieg von der Küste durch die Serra Garcilosa ist spektakulär. Vorsichtig nähert sich der nachmittags bergfahrende Triebwagen auf dem fast frei zwischen Himmel und Erde schwebenden Hangviadukt dem Tunnel No. 5. Die Meterspurstrecke der ehemaligen Paraná–Santa Catarina-Bahn wird jetzt von den Brasilianischen Bundesbahnen (Rede Ferroviária Federal S.A. – R.F.F.S.A.) betrieben. Mein Traum, daß hier eines Tages wieder Dampflokomotiven fahren könnten, ist inzwischen Wirklichkeit geworden.

Rechts: 1000 Tonnen Kalkstein vom Steinbruch in Cajamar zur 23 km entfernten Zementfabrik in Perús zu bringen, war das normale Tagesprogramm der werkseigenen 600-mm-Schmalspurbahn. Sechs Züge waren dazu notwendig, welche auf dem zuletzt steil ansteigenden Streckenteil ab Corredor meist Vorspann erhielten. Am 2. Mai 1981 war es die No. 11, eine Mogul von Baldwin aus dem Jahre 1891, welche der viel jüngeren No. 6 assistierte, einer 1945 von Porter gebauten 1'C1'. In das ohrenbetäubende Auspuffgeräusch mischte sich wildes Pfeifen, sobald mich die Mannschaften entdeckt hatten.

Hauptbahnhof von São Paulo, hatte ich mir zuvor eine Genehmigung besorgt, was sich angesichts der scharfen polizeilichen Bewachung brasilianischer Bahnen aufdrängte und auch bald als äußerst nützlich erwies. Dichter Nebel im oberen Bereich des Küstengebirges und Industriedunst an dessen Fuß warfen alle meine Foto-Pläne über den Haufen. Erst während des dritten, mehrtägigen Besuchs traf ich während einiger Stunden auf einem Teil der Strecke sonniges, klares Wetter an. Gleichsam als Trost herrschte Hochbetrieb, denn die Zahnradbahn, die man gebaut hatte, um die Kabelbahn zu ersetzen, stand still. In 10-Minuten-Intervallen rollten Züge über die Rampe. Diesellokomotiven brachten die Wagen in Piassaguéra in die Nähe der Seilkuppelstelle. Dort wurden sie von einer der kleinen Bremslokomotiven übernommen. Ein Mann stieg in die Grube, bestrich das Seil mit Sand und befestigte es am Greifer der Lokomotive. Die automatischen Kuppelvorrichtungen funktionierten nicht mehr. Im alten mechanischen Stellwerk wurden schwere Hebel gestellt, die Zwergsignale gingen auf «frei», und mit erheblichem Lärm, dessen Quelle die schon recht ausgelotterten Seilführungsrollen waren, setzten sich Seil und Zug in Bewegung. Bald bestieg ich, wie viele andere Leute auch, ohne lange zu fragen die vor dem Kessel liegende Fahrgastkabine einer Lokomotive und gelangte so zur ersten Stufe, später zur zweiten, wo ich die stationäre Antriebsanlage besichtigte. Nun entdeckte ich auch, warum so viele Leute mitfuhren: Die meisten der Eisenbahner hatten ihre Häuser entlang der Strecke. Das war auch der Grund dafür, daß 1981, als die Zahnradbahn schon den gesamten Verkehr bewältigte, noch einige Dienstzüge auf der Kabelbahn verkehrten.

Die zweite Eisenbahnattraktion im Großraum von São Paulo war die Bahn der Zementfabrik in Perús. Der kleine Ort liegt an der seit 1952 elektrisch betriebenen Strecke von Santos nach Jundiaí. Diese Werksbahn wirkte wie ein lebendiges Museum, allem voran die Werkstätte in Gato Prêto. Die Leute von der «Schwarzen Katze» – dies die Übersetzung des Ortsnamens – hatten die bemerkenswerte Fähigkeit, fast schrottreife Maschinen mit einfachsten Mitteln blendend instand zu setzen. Fast bei jedem meiner wiederholten Besuche war eine vorher noch nicht gesehene Lokomotive in Betrieb. Auch hier brauchte man als Fotograf Glück. Schlechtes Wetter, Entgleisungen und – infolge voller Kalklager – wenige Züge machten mir zu schaffen.

11
6

◁ **Wer die vom übrigen Netz isolierten Meterspurstrecken der ehemaligen «Estrada de Ferro Dona Teresa Cristina» besucht, kommt nicht nur in ein Dampflokomotivparadies. Er gewinnt zudem den Eindruck, er befinde sich im Nordamerika längst vergangener Tage. Lange Kohlezüge werden von Baldwin- und ALCO-Lokomotiven gezogen. Obwohl die Bahn jetzt die 12. Division der R.F.F.S.A. bildet, ist der Dampfbetrieb nach dem Prinzip erhalten geblieben, daß wer Kohle transportiert, diese auch im eigenen Betrieb verwenden sollte. Die 1'E2' No. 300, 1940 als erste einer 14er-Serie von Baldwin gebaut, nahm ich zu Ostern 1981 auf, als sie am späten Nachmittag die Kohlewaschanlage Capivari mit einem 2000-t-Zug in Richtung zum Hafen Imbituba verließ. Wegen der meist drückend hohen Lufttemperatur und der eher bescheidenen Qualität der Kohle wird mit zwei Heizern gefahren.**

Oben und rechts: Auch die von Engländern gebauten Kabelbahnen in der Serra do Mar, im Zuge der Strecke vom Hafen Santos nach São Paulo, rechnet das «South American Handbook» zu den Eisenbahnwundern der Welt. Die «Old Serra Incline» wurde 1867 eröffnet. Auf über 8 km Länge gab es vier Kabelabschnitte mit ungefähr 10% Neigung. Diese Trasse wird seit 1974 von einer eingleisigen, elektrisch betriebenen, von Hitachi gebauten Zahnradbahn benützt. Die zur Erhöhung der Streckenkapazität 1901 in Betrieb genommene «New Serra Incline» hat nur 8% Neigung und daher fünf Stufen. Alle Strekken wurden in 1600-mm-Spur erstellt.
Zwischen Piassaguéra am Fuß des Gebirges und Paranaciaba liegt eine Höhendifferenz von 780 m. Am Ende jedes Kabelabschnittes befinden sich eine Übergabestelle und eine Antriebsanlage für das Endloskabel des Abschnittes. Das Bild auf dieser Seite zeigt einen Blick in den Maschinenraum der zweiten Stufe. Der Maschinist sitzt vor dem Steuerstand auf dem Podest im Hintergrund. Eine 1000-PS-Zweizylinder-Kolbendampfmaschine treibt über einen Kurbeltrieb die Transmissionsräder an. Am Kreuzkopfgehäuse tragen die Maschinen Namen. Diese heißt «Dr. Paula Souza». Rechts, außerhalb des Bildes, befindet sich eine zweite Rädergruppe. Die großen Räder in der Mitte dienen als Schwungräder und sind mit umlaufenden Kabeln gekuppelt. Die kleinen Räder werden vom Antriebskabel umschlungen, welches auf einer Seite über eine Umlenkrolle, auf der anderen zu den Gleisen läuft. Vier moderne, automatisch geregelte Kessel liefern den Dampf.

Die Strecke besitzt viele Tunnel und Stahlgitterbrücken. Das rechte Bild zeigt die Anlagen der 4. Stufe, «4° Patamar» genannt. Rechts neben dem Zug sieht man das Haus der Antriebsanlage. An diesen Stellen und bei jeder Ausweiche in der Mitte der Abschnitte liegen zwei getrennte Gleise. Sonst wird die mittlere Schiene gemeinsam benützt. Am Schluß des bergfahrenden, wahrscheinlich die Höchstlast von 155 t wiegenden Zuges befindet sich die Bremslokomotive, eine von 18 zweiachsigen Maschinen, welche bis 1903 von Kerr Stewart und R. Stephenson geliefert wurden. 1931 erfolgte noch eine Nachbestellung von zwei Stück. Die Fahrt dauerte inklusive der Aufenthalte 50 Minuten, die Höchstgeschwindigkeit betrug 24 km/h.

1981 wurde der Bau einer neuen Fabrik in Cajamar beschlossen, und die Tage dieses Kleinods unter Brasiliens Eisenbahnen waren gezählt.

In einer Nachtfahrt läßt sich von Perús das Zentrum der anderen kleinen Schmalspurbahn, São João del Rei, erreichen. Als ich in der Morgendämmerung zum ersten Mal die große Bahnhofshalle und in ihr die uralten Baldwins sah, wähnte ich mich in einem Traum. Eine blitzblank geputzte 2'C-Maschine befand sich abfahrbereit an der Spitze des Zuges nach Aureliano Mourão. Der Ölbrenner verbreitete seinen dumpf tosenden Lärm, die Sicherheitsventile bliesen Dampf ab, der große Stirnscheinwerfer beleuchtete das weite Gleisfeld, und die Lokomotivmannschaft wartete auf grünes Licht. Eine Fahrt auf dem Führerstand würde den richtigen Auftakt bilden, dachte ich mir und bat den Führer kurz entschlossen darum. Er murmelte etwas von einer Genehmigung, Gefahren, Verboten, zögerte etwas und willigte dann ein. Daß die Bemerkung über Gefahren nicht ganz aus der Luft gegriffen war, erfuhr ich nur allzu bald. Während Führer und Heizer auf bequemen Stühlen in der um das Kesselende gebauten Kabine saßen, fühlte ich mich, zwischen Lokomotive und Tender stehend, wie auf einem Erdbebenprüfstand. Ohne Rücksicht auf den schlechten Zustand des Gleises wurde gefahren, als ob der Teufel hinter uns her gewesen wäre. Einige Male verlor ich fast den Boden unter den Füßen. An diesen Stellen huschte jeweils ein an der Strecke aufgerichtetes Kreuz an uns vorüber, der Führer zog die Kappe und bekreuzigte sich. Breit lachend wandte er sich zu mir um und erklärte, er erweise den hier verunglückten Kollegen die Ehre... Lateinamerikaner sind aber nicht nur Spielernaturen, sondern meist auch musikalisch. Den Beweis dafür lieferte unser Führer mit der Dampfpfeife. Durch gefühlvolles Ziehen am Strick entlockte er dieser immer wieder neue Akkorde. Pünktlich erreichten wir unser Ziel. Dort trafen wir die No. 68, damals die am besten geputzte und dekorierte Lokomotive, und ihren untadelig uniformierten Besitzer.

Das Schmalspurnetz um São João del Rei hatte einst eine Ausdehnung von 700 km. Letzten Berichten zufolge wird jetzt nur noch ein musealer Betrieb im Raume der Stadt aufrechterhalten. Der renovierte Bahnhof steht unter Denkmalschutz, und das 360-Grad-Heizhaus ist wieder aufgebaut.

Nicht aus dem schweren Güterzugsdienst verdrängen ließen sich dagegen bisher die Dampflokomotiven der E.F.

Dona Teresa Cristina. Anfangs 1981 kam ich wieder einmal spät abends in das Heizhaus von Tubarão im Südstaat Santa Catarina, um die Atmosphäre dieses Ortes zu genießen und um das Zugsprogramm für den nächsten Tag zu erkunden. Am gewohnten Platz fand ich den Zettel mit den gesuchten Angaben. Die Erdölkrise hatte Folgen gezeitigt. Die Kohleproduktion schien auf vollen Touren zu laufen, alle drei Stunden stand ein Zug auf dem Programm. Ich begann meinen Rundgang durch die ausgedehnten Anlagen. Einige Texas der 300er-Serie warteten auf den nächsten Einsatz, und auch die anderen alten Bekannten waren noch da. Doch plötzlich – ich traute meinen Augen nicht – tauchte aus dem Dunkel ein tiefschwarzer, nicht hierher passender Lokomotivkörper auf – eine Santa Fe der argentinischen F.C. General Belgrano. Sie trug jetzt die No. 400, offenbar als erste einer neuen Serie und sah wie fabrikneu aus. Bald hatte ich eine ganze Reihe schrottreifer Schwestermaschinen gefunden. In der Werkstatthalle rundete sich das Bild vollends ab. Die No. 401 befand sich, vollkommen zerlegt, in Arbeit. Die Wiederherstellung von 13 Maschinen war geplant!

Schon wenige Monate danach konnte ich die neuen Lokomotiven im Einsatz sehen und fotografieren. Das Personal war des Lobes voll. Die Verjüngung des Lokomotivparks war offenbar genau im richtigen Moment gekommen, denn Meldungen von schweren Schäden an 300er-Maschinen machten in der Folge die Runde. Zehn Diesellokomotiven mußten zu Hilfe kommen. Trotzdem dürfte der Dampfbetrieb in Santa Catarina die Jahrtausendwende erleben.

Oben: Im ganzen Amazonasbecken gab es nur eine einzige Eisenbahnstrecke: die E.F. Madeira–Mamoré, von Pôrto Velho aus 365 km entlang der beiden Flüsse. Auch sie war eine Bahn, welche Bolivien als Kompensation für Territorialverluste erhielt. Die Strecke sollte durch Umfahrung der Stromschnellen des Rio Madeira und des Rio Beni Bolivien einen Verkehrsweg zum Atlantik öffnen. Das Ziel, Riberalta am Rio Beni, wurde allerdings nicht erreicht, wodurch das ganze Unterfangen zwecklos blieb. Man sagt, während des Baues habe für jede verlegte Schwelle ein Mensch sein Leben lassen müssen. Das «South American Handbook» von 1970 nannte noch drei wöchentliche Zugspaare. Dann wurde der Betrieb eingestellt, und erst 1980 erfuhr ich von einem Plan, die Strecke als Museumsbahn teilweise wieder zu eröffnen.
Im Oktober 1982 flog ich erwartungsvoll nach Pôrto Velho. Der Taxifahrer, dem ich dort den Bahnhof als Fahrziel nannte, quittierte einfach mit «Si Senhor». Also mußten meine Informationen richtig gewesen sein. Rauch über dem Bahnhof beseitigte die letzten Zweifel. Vor dem abfahrbereiten Zug traf ich eine alte Bekannte wieder: die Pacific No. 50 (Baldwin, 1925) der Dona Teresa Cristina. Achtmal fuhr der Zug sonntags zum 7 km entfernten São Antonio. 23 km weit war die Strecke schon wieder instand gesetzt. Das Bild zeigt die No. 50 bei der Ausfahrt mit dem Rio Madeira im Hintergrund.

Rechts oben: *Das* Verkehrsmittel im Amazonasgebiet ist das Schiff. Nichts belegt das deutlicher als die Aufnahme des Personenhafens von Manaus am Rio Negro. Die Schiffsführer luden mich freundlich zur Mitfahrt ein. Ich entschloß mich zu einer siebenstündigen Rundfahrt, welche an der Stelle vorbeiführt, wo das von Sinkstoffen aus den Anden trübe Wasser des Amazonas auf das klare, schwarze Wasser des Rio Negro trifft. Es braucht Kilometer, bevor sie sich mischen.

Rechts unten: An Großartigkeit stehen die Iguaçú-Fälle dem Amazonas nicht nach. Beide sind auf der ganzen Welt einmalig: der längste Strom und der größte Wasserfall. Auf meinem Weg nach Asunción machte ich an der Dreiländerecke Station. Vor der Landung in Foz do Iguaçú drehte der Pilot der Boeing 727 der Transbrasil über den Fällen zwei Runden in geringer Höhe. Nur so kann man das Naturschauspiel in seiner ganzen Größe bewundern. 60 Meter tief stürzt das Wasser über 275 einzelne Fälle auf einer Breite von etwa 2½ Kilometer. Im Bild ein Blick auf den Abschnitt mit den größten Einzelfällen.

Doppelseite 142/143
Während meines Besuches in São João del Rei im August 1981 hatte die Schmalspurbahn Hochbetrieb. Das Zementwerk Barroso an der Strecke nach Antonio Carlos lieferte Zement für den Bau des Kraftwerks Itaipu. In Aureliano Mourão, dem anderen Endpunkt der Strecke, wurde die Fracht auf Meterspurzüge umgeladen. Der in Papiersäcke abgefüllte Zement wurde in geschlossenen Güterwagen befördert. Alle Ladearbeiten mußte ein Heer von Arbeitern von Hand besorgen. Menschliche Arbeitskraft ist in Brasilien spottbillig.
Alle betriebsbereiten Lokomotiven befanden sich im Einsatz, auch die beiden Americans. Eine derselben, die No. 21, kreuzt in Prados einen von der Tenwheeler No. 41 gezogenen Zementzug. Beide Lokomotiven stammen aus dem Jahre 1912. Die Bahn befand sich damals bereits im Besitz der R.F.F.S.A., was am Signet an der Kabine der No. 21 zu erkennen ist. Eine Folge des Besitzerwechsels war die Aufgabe des Titularsystems, weshalb die Maschinen nicht mehr auf Hochglanz geputzt sind.
Die Gitter auf den Tendern weisen darauf hin, daß früher Holz als Brennstoff gedient hatte.

USO EXCLUSIVO
LUCIATOUR

41

21

Die beiden auf dieser Seite gezeigten Bilder entstanden im April 1976 auf einer Fahrt von São João del Rei nach Aureliano Mourão und zurück.
Nicht weit vom Zielbahnhof entfernt befindet sich auf freier Strecke ein Wassertank. Dort wurden die Vorräte der No. 42 ergänzt. Sie ist eine Schwestermaschine der vorher gezeigten No. 41. Das Bild illustriert treffend den Zustand des Oberbaus, der sicher schon jahrelang nicht mehr mit Unkrautvertilger gespritzt worden ist. Der Bewuchs ist so dicht, daß vom Gleis nichts mehr zu sehen ist.

Die bald danach folgende Brücke über den Rio das Mortes, dem die Bahn fast auf ihrer ganzen Länge von 202 km folgt, erweckte natürlich meine besondere Aufmerksamkeit. Also versuchte ich, Zug- und Lokomotivführer des zur Rückfahrt benützten Mixto zu überreden, dort einen Fotohalt einzulegen. Sie wollten sehen, ob es sich zeitlich machen lasse, lautete die Antwort. Vor der Brücke hielt der Führer an; ein freundlicher, dunkelhäutiger, entgegen sonstiger Praxis ohne ein Uniformstück gekleideter Mann. Kaum war ich auf der anderen Seite angelangt, fuhr er schon wieder an. Dem brasilianischen Spitznamen für Dampflokomotiven, «Maria fumaça» – rauchige Maria – machte er dabei alle Ehre.

Rechts: Zwölf Güterzugspaare, jedes mit 35 bis 45 Wagen und von drei bis vier vierachsigen Diesellokomotiven gezogen, fahren täglich über die Bergstrecke in der Serra Garcilosa zwischen Curitiba und Paranaguá. Die Strecke ist ein Musterbeispiel modernen Bahnbetriebes, abgesehen von fehlenden Signalen, welche durch ein englisches «token»-Streckenblocksystem ersetzt werden.

Auf dem nebenstehend gezeigten Bild nähert sich ein mit höchstens 25 km/h bergfahrender Güterzug über die Hangbrücke dem Tunnel No. 5. Das Bild läßt keinen Zweifel daran, daß hier vorsichtig gefahren werden muß. Vorsicht war auch beim Erreichen des Standpunktes für diese Aufnahme geboten. Die in dieser Gegend auch von Kletterern zum Training benützten Felsen sind aalglatt.

RFFSA
1622

614
614
SLCA
614
614
CHESSIE SYSTEM RAILROADS

Eine grosse Tradition lebt wieder auf: Amtrak- und Nostalgiezüge im Osten

Die berühmten, Namen tragenden Schnellzüge der USA haben die Reisenden lange in ihren Bann gezogen. Noch in den späten vierziger Jahren hatten die Fernzüge eine starke Stellung im Markt, aber das hereinbrechende Unheil zeichnete sich bereits deutlich ab. Im Osten der USA waren es die beiden Giganten des Personenverkehrs, Pennsylvania und New York Central R.R., welche mit ihren Prestigezügen den Ruhm der amerikanischen Schnellzüge in die Welt hinaustrugen. Ich denke vor allem an den «Broadway Limited» der P.R.R. und den «20th Century Limited» der N.Y.C. Mit ihnen fuhren die beiden Gesellschaften auf der Strecke New York–Chicago buchstäblich um die Wette. Keiner der Konkurrenten konnte es sich leisten, langsamer zu sein, und so wurden schon 1938 mit Dampflokomotiven mittlere Reisegeschwindigkeiten von über 90 km/h und anhaltend gefahrene Höchstgeschwindigkeiten von 160 km/h erreicht. Einmalig auf der Welt sind die gelegentlichen Rennen der beiden Züge auf den 42 km weit parallel verlaufenden Gleisen ab Chicago-Englewood geblieben.

Tragischerweise ging der Verfall des Fernreiseverkehrs fast gleichzeitig mit der massiven Verdrängung der Dampf- durch Diesellokomotiven einher. Daß mit den fast panikartig angeschafften Diesellokomotiven, welche zur Verkürzung der Fahrzeiten nichts beitrugen, der Kampf nicht zu gewinnen war, erkannte man viel zu spät. Flugzeuge, Autobusse, Personenwagen und der Güterverkehr auf der Straße setzten in den fünfziger Jahren zu einem konzertierten und fast vernichtenden Angriff auf die Bahnen an. Züge verschwanden, Strecken wurden stillgelegt, Gesellschaften gingen bankrott oder versuchten, sich durch Fusionen zu retten. Einer der aufsehenerregendsten Zusammenschlüsse war derjenige der beiden einstigen Erzrivalen P.R.R. und N.Y.C. zur Penn Central. Nur etwa ein Jahrzehnt konnte sich diese neue Gesellschaft am Leben erhalten. Ihr Zusammenbruch im Jahre 1970 und der vollständig zerrüttete und verlustreiche Schnellzugsbe-

Links: Die im September 1980 soeben wieder in Betrieb genommene Lima-Super Power No. 614 der vormaligen Chesapeake & Ohio Ry. donnert vor einem 700-t-Zug des Chessie Systems nach Altamont/West Virginia über die 17 Mile Grade genannte 22‰-Rampe in den Allegheny Mountains. Dies ist nordamerikanischer Dampfbetrieb in Reinkultur. «Flat out», mit diesem englischen Ausdruck läßt sich die angewandte Fahrtechnik am besten umschreiben: der Zeiger des Kesselmanometers steht hart am roten Strich, der Regler ist voll geöffnet, die Steuerung auf etwa 60% ausgelegt, Speisepumpen, Stoker und Booster arbeiten voll, und eine riesige Rauchsäule schießt unablässig zum Himmel. Ansätze zum Schleudern werden durch Sanden unterdrückt. Pro Stunde verbrennen etwa 6 t Kohle auf dem 9,3 m^2 großen Rost. Ein Hagel aus Asche- und Kohleteilchen, eine Folge der selbstreinigenden Rauchkammer, geht auf die entlang der Strecke stehenden Fotografen und die Wagendächer nieder.

Oben: Das elektrische Gegenstück zu dieser Dampflokomotive ist die 1935 von der Pennsylvania R.R. erstmals eingesetzte Type GG1. Ihr Steckbrief: Erbauer waren General Electric, Westinghouse und Baldwin, sechs Doppelmotoren arbeiten auf das $2'C_o'C_o'2'$-Fahrwerk. Sie leisten dauernd 3450 kW bei 160 km/h. Die Fahrdrahtspannung beträgt 11 kV, 25 Hz. Im August 1980 dienten noch viele dieser Lokomotiven im North-East Corridor Boston–New York–Washington D.C. der Amtrak.
Man konnte sie sowohl vor den kurzen Metroliners, für die es nicht genügend Triebwagen gab, als auch vor schweren Schnellzügen, teils in Doppeltraktion, sehen. Die Aufnahme wurde im Terminal von Washington gemacht. Das Personal kommt mit einem Blechkoffer in der Hand zum Dienst. Führer, welche die amerikanische Sucht nach eiskalten Getränken nicht unterdrücken können, sah ich mit einem Sack voller Eiswürfel auf den Führerstand klettern.

trieb der Bahnen gaben den Anstoß zu einem groß angelegten Rettungsversuch für den Personenfernverkehr auf der Schiene durch die US-Regierung.

Am 1. Mai 1971 übernahm die National Railroad Passenger Corporation, kurz Amtrak genannt, von den damals noch verkehrenden 259 Fernzügen 114 in ihren Betrieb, während 26 durch die Bahngesellschaften weitergeführt und der Rest eingestellt wurde. Aus den bescheidenen Anfängen heraus, da mit gemietetem Rollmaterial und ausschließlich als Gast auf den Strecken der privaten Gesellschaften gefahren wurde, hat sich seither eine ständig erstarkende Organisation gebildet. Neue Lokomotiven und Wagen moderner Konzeption sind das äußere Merkmal dieser Entwicklung. Die 1976 in eigene Verwaltung übernommene Strecke des North-East Corridor machte Amtrak nach amerikanischer Definition zu einer echten Class 1 Railroad. Trotz mancher Rückschläge und Existenzbedrohungen – wegen der wie auch überall sonst auf der Welt anhaltenden Betriebsverluste – ist das Gesamtbild der Amtrak heute ein erfreuliches. Der Standard von 1950 konnte im Durchschnitt wieder erreicht werden. Züge wie der «Broadway Limited» fahren weiter, die Metroliners haben die Schwelle von 120 km/h Reisegeschwindigkeit durchbrochen. Während dem Nachfolger des einstigen Luxuszuges der P.R.R. noch immer drei Stunden fehlen, um den Anschluß an die Leistung des Dampfzeitalters zu finden, ist die beste damalige Leistung durch die Metroliner klar übertroffen worden. Das Blatt beginnt sich zu wenden, und die Fluggesellschaften bekommen den totgeglaubten Konkurrenten zu spüren.

(Fortsetzung S. 156)

Ganz oben: Walt Disney World in der Nähe von Orlando, im Herzen Floridas, bietet neben viel Unterhaltung, Nervenkitzel und Show auch verkehrsgeschichtlich Interessantes. So können die Besucher dieses Vergnügungsparks eine kurze Rundfahrt an Bord eines leibhaftigen Sternwheelers mitmachen. Ich hatte diese für die Verkehrsentwicklung in Amerika so bedeutsamen Heckraddampfer sonst nur als tote Museumsstücke gesehen. Auf dem Vorschiff wurde früher das Holz für die Kesselfeuerung gelagert. Heute wird mit Öl gefeuert.

Oben: Die Fahrt mit dem Schiff ist so eingeteilt, daß der Dampfzug der Museumsbahn auf seinem Rundkurs die Brücke über einen Arm des künstlichen Sees genau dann überquert, wenn der Dampfer dort vorbeifährt. Im Gegensatz zu diesem wirkt der Zug kitschig. Sein Bild habe ich vor allem wegen einer für mich überraschenden Begebenheit eingeflochten. Um an einen geeigneten Punkt für eine Aufnahme zu gelangen, hatte ich eine einfache Seilabsperrung ignoriert. Mit allem hatte ich gerechnet, nur nicht damit, daß der ob meines Tuns wutentbrannte Lokomotivführer anhalten würde, um mich, wie das Bild zeigt, zu vertreiben.

Rechts: Zwei Dinge waren für den nordamerikanischen Bahnbetrieb lange besonders typisch: aus Holz gebaute Fachwerkbrücken und die Americans. Beides ist auf dem nebenstehenden Bild vereint. Die No. 98, 1909 von ALCO an die ehemalige Mississippi Central R.R. geliefert, gehört jetzt der Wilmington Central R.R. Der Bahnhof Greenbank/Delaware ist der Ausgangspunkt für Fahrten mit dieser von sehr aktiven Amateuren betriebenen Museumsbahn mit einem großen Lokomotivpark.

Doppelseite 150/151

Harper's Ferry am Zusammenfluß von Potomac und Shenandoah, der Endpunkt der ersten Strecke der B.&O., war auch das Ziel der ersten Publikumsfahrten mit der schon vorgestellten No. 614 im September 1980. An der Spitze eines aus 19 Wagen bestehenden Zuges startet die Maschine zur Rückfahrt nach Baltimore. Auf das am Ende der Brükke liegende Tunnelportal führt eine «via ferrata», welche damals von einem Polizisten bewacht wurde. Eine kurze Unaufmerksamkeit genügte mir, um die ideale Position für dieses Bild zu erreichen.
Hinter der Lokomotive befindet sich ein zusätzlicher Wassertender. Die Vorräte betragen so 48 t Kohle und rund 170 m³ Wasser, bei weitem zu viel für die rund 200 km lange Strecke. Kohle wird üblicherweise mit Hilfe eines Pneukrans geladen. Für das Wasser sorgt die lokale Feuerwehr.

98

614

6060

Links: Im Jahre 1978 veranstalteten die Canadian National Railways regelmäßig Ausflugsfahrten von Toronto zu den Niagarafällen.
Die elegante No. 6060 versah diesen Dienst vor einer Komposition aus modernen, sechsachsigen Wagen mit ausgezeichneten Laufeigenschaften. Diese Mountain wurde im Oktober 1944 von den Montreal Locomotive Works als erste einer 20er-Serie geliefert, mit der die Beschaffung von Dampflokomotiven abgeschlossen wurde. Zehn Jahre stand sie nach ihrer Ausmusterung in Jasper als Denkmal, bevor man sie 1972 wieder fahrtüchtig machte. Im Plandienst sollen diese Maschinen 160 km/h erreicht haben. Zwischen zwei Regenfronten mit tiefhängenden Wolken gelang mir die Aufnahme auf der Brücke bei Jordan. Dort traf ich einen Kanadier, der mir von der einige Tage später stattfindenden Fahrt der 8444 der Union Pacific berichtete. Kurzentschlossen flog ich damals nach Denver, um bei dem für mich einmaligen Ereignis dabeisein zu können.

Oben: Eine der ältesten vor schweren Extrazügen auf Hauptstrecken eingesetzten Lokomotiven ist die inzwischen über 75jährige Pacific No. 750. Ihre außergewöhnlich reichhaltig bestückte Rauchkammer fotografierte ich anläßlich einer von Chattanooga ausgehenden Fahrt im Oktober 1983.

Unten: Altweibersommerwetter begünstigte das Eisenbahnfreunde-Wochenende der Steamtown Foundation im Oktober 1978. Der Extrazug fuhr von Bellows Falls auf der Strecke der Green Mountains R.R. rund 50 km weit hinauf in die Hügellandschaft Vermonts. Gezogen wurde er von zwei ehemaligen Pacifics der C.P., No. 1293 und 1246.

Die Steamtown Foundation ist der Welt größte private Sammlung von Dampflokomotiven. Im Herbst 1978 wurde die No. 2317, eine schwere Pacific der C.P. aus dem Jahre 1923, erstmals wieder in Betrieb gezeigt. Heizhausstimmung vergangener Tage erstand bei der abendlichen Aufstellung der vier damals unter Dampf stehenden Lokomotiven. Vor der 2317 stehen drei aus der Mitte der vierziger Jahre stammende Pacifics der C.P., von welchen über 100 Stück gebaut wurden. Mit nur 23 t Kuppelachsdruck sind sie für amerikanische Verhältnisse ausgesprochen leicht. In Europa dürften diese Lokomotiven dagegen nur auf den für höchste Achslasten ausgebauten Strecken fahren. ▷

1293
1246

1278
1278

Der Star unter Amtraks Lokomotiven ist Schwede. Die elektrischen AEM7-$B_0'B_0'$-Lokomotiven sind mit 90 t Gewicht bei etwa 6000 PS Dauerleistung und 200 km/h Höchstgeschwindigkeit für amerikanische Verhältnisse revolutionär, was ihnen den Spitznamen «Mighty Mouse» eintrug.

Weder sind die Fernschnellzüge einem fast blinden, nur auf Geschwindigkeit orientierten Rausch vollständig zum Opfer gefallen, noch verschwanden auch die Dampflokomotiven. Stück um Stück kommen sie von Betonsockeln, aus Museen oder versteckten Winkeln wieder zurück in ein aktives Leben. Natürlich nicht um fahrplanmäßige Züge zu befördern. Niemand möchte das Rad der Geschichte zurückdrehen. Aber als lebendige Zeugen einer ruhmvollen Vergangenheit sind sie vor Nostalgiezügen willkommen.

Geraume Zeit war die nie aus dem Bestand der U.P. gestrichene Super Power No. 8444 die einzige aktive Vertreterin dieser erfolgreichen Bauart im ganzen Lande. Als ich im Spätsommer 1980 das B. & O. Museum in Baltimore besuchte, erfuhr ich von der knapp bevorstehenden Wiederinbetriebnahme der auf S. 150/151 vorgestellten No. 614. Ein glücklicher Zufall gestattete mir, bei diesem Ereignis dabeizusein. Die zur Verfügung stehende Zeit war knapp. Ich kannte die zu befahrenden Strecken nicht, und geeignete Landkarten waren kurzfristig auch nicht aufzutreiben. So verfiel ich auf eine wohl noch nicht oft praktizierte Art nächtlicher Streckenerkundung. Ich ließ mir den Weg von den starken Stirnscheinwerfern eines über die Rampe kriechenden Güterzuges weisen und versuchte ihn durch dick und dünn nicht aus den Augen zu verlieren. Die spektakulären Fahrten werde ich so schnell nicht vergessen. Es war für mich das erste Mal, und wahrscheinlich auch für den wieder erwachenden Dampfbetrieb, daß eine Lokomotive mit eingeschaltetem Booster fuhr. Dieser ist ein Hilfsantrieb, welcher bei Anfahrten und am Berg verwendet wird. Eine kleine, stark untersetzte Dampfmaschine treibt eine Achse des hinteren Drehgestells an. Der Betrieb des Boosters manifestiert sich durch den neben dem Drehgestell entweichenden Auspuffdampf.

Und was ist für die Zukunft zu erwarten? Im Herbst 1986 soll erstmals wieder eine große Mallet, die Class A No. 1218 der Norfolk & Western, fahren. Nach fast 30 Jahren hat die No. 1361, eine der berühmten K-4s-Pacifics der P.R.R., welche auch jahrzehntelang den «Broadway» zogen, ihren Sockel in der Horseshoe Curve bei Altoona verlassen. Der Tag, da sie diese weltbekannte Stelle der alten P.R.R.-Strecke wieder befahren wird, dürfte nicht fern sein.

Oben: Zwischen Baltimore und Wilmington überqueren die Züge des North-East Corridor die Mündungstrichter dreier Flüsse. Eine riesige Stahlbrücke überspannt den Susquehanna River, auf welcher der im Metroliner-Dienst eingesetzte moderne Triebwagenzug im August 1980 fotografiert ist. Diese Züge fahren zwischen New York und Washington im Stundentakt. Die Fahrzeit von 3¾ Stunden entsprach einer Reisegeschwindigkeit von rund 100 km/h. Seither sind Verbesserungen an der Strecke ausgeführt worden, welche schnelleres Fahren zulassen. Zwischen den Metrolinern verkehren die langsameren, klassischen Schnellzüge mit heute unter 9 Stunden Fahrzeit für die Strecke Boston–Washington.

Rechts: Ein typisches Requisit amerikanischen Bahnbetriebes sind die Schemel, welche das Einsteigen erleichtern sollen. Sie werden von den Kondukteuren aufgestellt. Die einladende Geste des bei der Museumsbahn in Snoqualmie aufgenommenen Eisenbahners läßt auf eine jahrzehntelange Berufspraxis schließen.

Rechts oben: Manhattan wirkt von der Aussichtsplattform des Empire State Building wie eine künstliche Gebirgslandschaft. Die Bahnen durchqueren diese unterirdisch. Die Amtrakzüge benützen die Pennsylvania Station, welche noch immer den Namen dieser berühmten Bahngesellschaft trägt.

Rechts unten: Die Niagarafälle sind im Gegensatz zu dieser total künstlichen Welt ein Naturwunder mitten in der Zivilisation. Ein Teil ihrer großen Wassermassen dient der Stromproduktion in Kraftwerken zu beiden Seiten.
Die C.N.-Ausflugszüge fuhren meist auf die Brücke unterhalb der Fälle.

PAN AM

Beringstrasse
ALASKA
Yukon
ALASKA-KETTE
Fairbanks
Mt. McKinley
Anchorage
Whitehorse
Skagway
Küstengebirge
Mackenzie
Gr. Bärensee
Gr. Sklavensee
Athabascasee
Peace
ROCKY MOUNTAINS
Fraser
Vancouver I.
Vancouver
Victoria
Columbia
Selkirks
Calgary
Seattle
Mt. Rainier
Kaskaden-Geb.
GRÖNLAND
BAFFINLAND
HUDSON BAY
LABRADOR
NEUFUNDLAND
Nelson
N. Saskatchewan
Winnipegsee
KANADA
Winnipeg
Missouri
Oberer See
Huronsee
Michigansee
Mississippi
Toronto
Ontariosee
Niagara Falls
Montreal
St. Lorenz-Strom
Boston
Detroit
Eriesee
Cleveland
CHICAGO
NEW YORK
Philadelphia
Strasburg
Pittsburgh
Cumberland
Baltimore
Washington
Cass
ALLEGHENIES
Ohio
St. Louis
VEREINIGTE STAATEN
Denver
Cheyenne
Gr. Salzsee
Ogden
Fort Bragg
Reno
Sacramento
San Francisco
KALIFORNIEN
Sierra Nevada
Mt. Whitney
Las Vegas
Colorado
LOS ANGELES
Durango
Santa Fe
Rio Grande
Dallas
Atlanta
ATLANTIK
Houston
New Orleans
Orlando
Miami
Bahamas
SIERRA MADRE OCCIDENTAL
Monterrey
GOLF VON MEXIKO
MEXIKO
La Habana
CUBA
DOM. REPUBLIK
HAITI
HISPANIOLA
PUERTO RI
JAMAICA
KARIBISCHES MEER
Guadalajara
MEXICO CITY
Popocatépetl
Veracruz
Orizaba
PAZIFIK
Salina Cruz
GOLF VON TEHUANTEPEC
BELIZE
GUATEMALA
Guatemala
HONDURAS
EL SALVADOR
S. Salvador
NICARAGUA
Nicaraguasee
Puntarenas
Puerto Limón
COSTA RICA
S. José

Fremdsprachige Ausdrücke, Abkürzungen, Spurweiten, Achsfolgebezeichnungen

a) Fremdsprachige Wörter und Abkürzungen für Eisenbahn

R.R. = Railroad (amerik.)
Ry. = Railway (engl.)
F.C., FF.CC. = Ferrocarril, Ferrocarriles (lateinamerik.)

b) Zugsbezeichnungen

Rapido, Expreso = Schnellzug (lateinamerik.)
Mixto = Personen- und gemischter Zug (lateinamerik.)
Extra = nicht fahrplanmässiger Zug (amerik.); im allg. verkehren alle Güterzüge als solche
Autoferro, Autovagón = Triebwagen, Schienenbus (lateinamerik.)

c) Fachausdrücke

Estación = Bahnhof (lateinamerik.)
Patio = Bahnhofsbereich (lateinamerik.)
Desvio = Ausweiche (lateinamerik.)
Loop = Ausweiche oder 360-Grad-Schleife (engl./amerik.)
Depósito (de locomotoras) = Depot, Heizhaus (lateinamerik.)
Conductor / Guard = Zugsführer (lateinamerik./nordamerik. u. engl.)
Brequero / Brakesman = Bremser, Zugsbegleiter (lateinamerik./nordamerik.)
Telefonista, Telegrafista = Telefonist, Telegrafist, oft auch Stationsbeamter (lateinamerik.)
Caboose = Dienstwagen am Schluss von Güterzügen (nordamerik.)
la Cumbre = Scheitelstation (lateinamerik.)
Cajon, Quebrada / Gorge = Schlucht (lateinamerik./nordamerik., engl.)

d) Spurweiten

2 Fuss = 610 mm (auch 600 mm)
3 Fuss = 914 mm
2½ Fuss (oder 2 Fuss 6 Zoll) = 760 mm (auch 750 mm)
Meterspur = 1000 mm
Kapspur = 1067 mm (entspricht 3½ Fuss, gelegentlich auch in 1050 mm gebaut)
Normalspur = 1435 mm
Breitspur (in Lateinamerika) = 1676 mm (entspricht 5½ Fuss)

e) Achsfolgebezeichnungen und ihre amerikanischen Codenamen

2'B = American	1'D = Consolidation
2'B1' = Atlantic	1'D1' = Mikado
1'C = Mogul	2'D1' = Mountain
2'C = Ten Wheeler	2'D2' = Northern
2'C1' = Pacific	1'E1' = Santa Fe
2'C2' = Hudson	1'E2' = Texas

Die Zahlen bezeichnen die Anzahl der (nicht angetriebenen) Laufachsen, die Buchstaben die Anzahl der Triebachsen, z. B. C = 3 Triebachsen. Demnach hat eine 2'C-Lokomotive 2 + 3 Achsen oder 10 Räder (= ten wheels).

Ausklang

Nach einer langen Rundreise durch die amerikanischen Halbkontinente und Mittelamerika sind wir in New York am Ende angelangt. Die Sprünge zwischen einzelnen Orten waren manchmal groß. Vieles mehr hätte sich zeigen lassen. Allein, der Rahmen war gesetzt, und ich hoffe, mit der getroffenen Auswahl dem Thema gerecht geworden zu sein.

Zum Abschluß möchte ich ein Bild aus Chile zeigen. Die beiden wieder einmal stark verspäteten Regionalgüterzüge der Strecke San Rosendo–Temuco – und nur die Verspätung ermöglichte mir die Aufnahme – kreuzen sich in Mininco im April 1978. Sie sind mit den Mountains des Typs 80 No. 842 und 823 bespannt.

Der Einfluß Nordamerikas ist manifest. Die Lokomotiven wurden von Baldwin entworfen, und auch die Betriebsabwicklung entspricht einer in den USA früher weit verbreiteten Form. Das aus dem Stationsgebäude aufragende Doppelsignal dient nur dazu, den Lokomotivführern anzuzeigen, ob sie sich auf ein Fangen des «Tablets» während der Durchfahrt oder ein Anhalten einrichten müssen.

«Halt» zeigen die Signale hier wegen der Kreuzung. Eine Zeitlang schien es auch, daß die Signale für den Dampfbetrieb Amerikas und viele seiner Bahnen und Reisezüge endgültig auf «Halt» gehen könnten. Wie die Dinge heute liegen, bestehen berechtigte Hoffnungen, daß dem nicht so sein wird.